Auguste Comte : le philosophe du positivisme

Auguste Comte
le philosophe du positivisme

Émile Faguet
Lucien Lévy-Bruhl

Editions le Mono

ISBN : 978-2-36659-552-9
EAN : 9782366595529

Chapitre I
Méthode et idées générales d'Auguste Comte[1]

I

Auguste Comte, né en 1798, à Montpellier, dans une famille « monarchique et catholique », ce qu'il ne faudra pas oublier, était un enfant nerveux, impatient, très intelligent, très avide d'instruction, d'une précocité d'esprit extraordinaire, de ceux qui ont des méningites tôt ou tard, comme disent les médecins. Il était sensible, ardent et indiscipliné, très capable de s'éprendre passionnément d'un maître favori, — et par deux fois, avec son professeur Encontre à Montpellier, et avec Saint-Simon, cela lui est arrivé, — plus capable encore de secouer le joug scolaire et la discipline, et d'avoir, relativement à l'autorité, une sorte de défiance ombrageuse ou de défi passionné. Il était à l'École polytechnique à seize ans, grand travailleur, grand dévoreur de livres, surtout philosophiques, ayant lu, paraît-il, Fontenelle, Maupertuis, Adam Smith, Fréret, Duclos, Diderot, Hume, Condorcet, de Maistre, de Bonald, Bichat, Gall, etc., et trouvait du temps pour diriger une insurrection de famille dans l'école et pour la faire licencier. Un instant secrétaire chez Casimir Perier, mais peu fait

---

[1] Par Émile Faguet (1847 – 1916).

pour ce rôle, surtout auprès d'un homme aussi volontaire qu'il l'était lui-même, il le quittait vite, et allait droit à Saint-Simon, dont tout, en apparence, le rapprochait.

Saint-Simon, à cette époque (1817), était le réformateur abondant et tumultueux qui avait chaque matin un projet de reconstitution du monde entier sur de nouvelles bases. C'était un excitateur merveilleux ; mais, sans lectures approfondies, continuel improvisateur, il devait trouver en Auguste Comte, déjà si pourvu, comme un dictionnaire intelligent, toujours ouvert aux recherches et sachant les éclairer. D'autre part, Comte avait besoin d'un esprit original, prompt, impétueux, le sien étant à la fois rapide pour concevoir et très empêché et embarrassé pour exposer, comme il arrive à tous ceux qui ont une foule d'idées à la fois et même toutes leurs idées à la fois. Ils travaillèrent ensemble assez longtemps, cinq ou six ans, et l'empreinte de Saint-Simon sur Comte fut, comme nous le verrons, ineffaçable. Ils se brouillèrent, l'un et l'autre étant extrêmement orgueilleux et personnels, ce qui rend difficile toute collaboration, étant du reste l'un au terme extrême et l'autre au point de départ de son évolution, ce qui fit que Comte fut choqué chez Saint-Simon de certain esprit religieux et « couleur théologique » où il devait arriver plus tard et s'enfoncer beaucoup plus que Saint-Simon lui-même.

À partir de ce moment Comte marcha tout seul, parfaitement séparé des saint-simoniens, des socialistes, des libéraux, et en un mot de tous les partis et de tout le monde, vivant péniblement de leçons de mathématiques, des fonctions de répétiteur à l'École polytechnique pendant quelques années, plus tard des subsides de ses disciples, ou plutôt de ses fidèles, soutirant d'un mariage peu heureux, puis d'un divorce pénible, trouvant dans un grand amour ou plutôt dans une de ces adorations mystiques dont il arrive assez souvent aux quinquagénaires d'être comme enivrés, un ravissement d'une année, puis, après la mort de l'idole, une occupation exquise du cœur, un « entretien » doux et cher qui a consolé et illuminé ses derniers ans ; triste du reste, aigri, très irrité et assez raisonnablement, s'il était jamais raisonnable d'être irrité, contre ceux qui ne l'avaient nommé ni professeur de mathématiques à l'École polytechnique, ni professeur de philosophie scientifique au Collège de France ; extrêmement orgueilleux, Dieu merci, et trouvant dans cet orgueil le réconfort de tous ses déboires ; laborieux jusqu'à la fin, ce qui est encore meilleur comme consolation et comme soutien ; mourant enfin, trop tard, disent quelques-uns, ce qui n'est pas notre avis, assez jeune encore, ayant à peine touché au seuil de la soixantaine, l'esprit plein de la grande œuvre qu'il avait faite, et le cœur tout ravi encore du souvenir de celle qu'il avait aimée.

C'était, ce me semble, un homme extrêmement naïf et prodigieusement orgueilleux. Il y avait en lui de l'enfant précoce, du polytechnicien et du professeur, c'est-à-dire un esprit très nourri, absolu dans ses idées, et très séparé du reste du monde. Il connaissait peu les hommes, comme tous ceux chez qui l'éveil des idées a été si hâtif et si enivrant qu'ils n'ont vécu qu'avec elles dans leur enfance et dans leur jeunesse. Il est très rare que le sens psychologique naisse dans l'âge mûr. Comte ne l'eut jamais. Il est comme effrayé de l'injustice des hommes à son endroit, comme s'il était possible aux hommes de démêler en quelques années le mérite d'un homme supérieur à eux. Il s'étonne de l'inconstance, de l'ingratitude, de l'étourderie, du peu de perspicacité, de l'absence de dévouement, comme si ce n'était pas là le fond commun, naturel et éternel de l'humanité, et comme si l'on ne devait pas, dès qu'elle n'est pas persécutrice, être très content d'elle. Une lettre de lui à Littré est un monument d'ingénuité. Il s'y plaint de sa femme « presque dépourvue de cette tendresse *qui constitue le principal attribut de son sexe* », dénuée de « l'instinct de bonté » et de « l'instinct de vénération », en un mot, — ce qui pour Comte est un arrêt des plus durs, — « nature purement révolutionnaire. » Il s'y étonne et s'irrite de ce que « Mme Comte espéra toujours le transformer en machine académique lui gagnant de l'argent, des titres et des places. » Voilà les choses qui surprennent Comte comme des anomalies extraordinaires. Evidemment il a passé par ce monde sans y comprendre un mot, sans avoir un grain non seulement des facultés d'observation morale, mais même de cette clairvoyance élémentaire que l'on a à vingt-cinq ans, et qui sert, selon les natures, ou à se faire une place dans la société telle qu'elle est faite ou à la subir sans irritation.

Son orgueil, que j'ai qualifié de prodigieux, et qui n'était peut-être pas plus grand que celui d'un autre, mais qui paraît immense parce qu'il n'a pas pour contrepoids le sens du réel et qu'il est comme mis en liberté par sa naïveté même, ne connaissait pas de bornes. Cet homme, tranquille et simple, dans sa petite chambre d'étudiant, sans faste dans ses manières froides et polies, sans aucune *vanité*, ne voyait pas de rang dans le monde, et non pas même le plus élevé de la hiérarchie spirituelle, qui ne lui fût dû, et du reste réservé, assuré dans l'avenir, comme au seul être qui peut-être l'eût jamais mérité. Les orgueils mêmes des poètes lyriques les plus adulés par les autres et par eux-mêmes n'approchent pas de celui-là, encore qu'en pareille affaire il soit difficile de mesurer.

Absolu, intransigeant, indiscipliné, orgueilleux et naïf, c'est de ces défauts ou de ces qualités, car qui sait ? que se font d'ordinaire les individualistes ombrageux et les libéraux jaloux. Benjamin Constant en est le type le plus net et le plus frappant. « Ce que je veux, disent ceux-là, c'est penser à ma guise, vivre à mon gré, croire à ma façon, et ce que je demande à la société assez impertinente où la naissance m'a placé, c'est qu'elle ne me gêne point dans ces manières de vivre, dépenser et de croire. En retour je ne la gênerai point non plus, et je ne prétends lui imposer aucune manière d'être et d'agir ; et laissons-nous tranquilles mutuellement : c'est la meilleure façon de nous aimer les uns les autres. » Mais il peut arriver un résultat tout contraire des mêmes tendances d'esprit. Un homme constitué de la même manière que celui que nous venons d'entendre peut être frappé de l'état d'anarchie générale où de pareils penchants risquent de mener tout droit l'humanité. Il peut se dire que si l'homme est sociable, c'est sans doute pour vivre en commun, ce qui n'est pas possible s'il ne vit pas dans une pensée commune, une croyance commune, un dessein commun ; que le pire mal n'est peut-être pas de se tromper, départager une erreur collective, mais peut-être « que chacun dans sa loi cherche en paix la lumière » ; parce que de ces efforts dispersés il ne résulte rien que le plaisir pour chacun de la recherche, et parce que ce n'est là qu'une promenade dans une forêt d'une foule d'hommes qui ne se voient ni ne s'entendent, exercice peut-être agréable et certainement stérile. Ce qu'il faut c'est donc, au lieu de tendre à l'anarchie, la combattre au contraire ou la prévenir. Ce qu'il faut c'est donner aux hommes la même méthode de penser, et par suite la même pensée, et par suite la même façon de vivre. Il faut tendre à l'unité, comme de Maistre le disait hier. Unité de pensée, unité de morale, unité d'efforts, c'est à la fois le but de l'humanité et à cette condition qu'elle peut marcher. Au fond le libéral est un sceptique. S'il ne tient pas à l'entente et à la discipline, c'est qu'il ne croit pas que l'humanité puisse gagner quelque chose à faire quelque chose ; car il doit bien se douter qu'en ordre dispersé elle ne fera rien. Quiconque croit à l'œuvre de l'humanité, quiconque croit un progrès possible, doit vouloir l'unité de plan, par conséquent l'unité de pensée et l'unité de foi. C'est là le fond même de la pensée d'Auguste Comte, comme c'est le contraire de la pensée de Constant, parce que Constant est un individualiste toujours sur la défensive, et Comte un *concentrationniste* décidé ; Constant un sceptique découragé, et Comte un optimiste et un progressiste résolu : si l'on veut encore, Constant un homme né protestant, et Comte un homme né catholique et qui au fond l'est toujours resté.

Mais entre unitaires il y a un désaccord possible. Les uns disent : « Il faut l'unité. Il la faut absolument, sous peine de mort, ou de régression indéfinie vers un état primitif inconnu, mais peu engageant. Mais cette unité, elle existe ; elle est forte. C'est le catholicisme. Il n'y a rien de plus unitaire au monde que la pensée catholique. Unité, continuité, c'est l'esprit même du catholicisme. Gardons le catholicisme, restaurons-le, restituons-le dans son intégrité. » D'autres disent : « Il ne faut pas attacher la cause de l'unité à celle d'un système qui est ruiné. Il ne faut pas la compromettre et la perdre en cette compagnie. Le catholicisme est condamné ; il l'est comme une conception du monde qui a reçu tant de démentis de l'expérience, qu'en écartant cette conception l'humanité a fini par réprouver l'esprit même du catholicisme, lequel était bon. Garder cet esprit, cela est possible, et même c'est ce que l'on peut faire de mieux, et même il n'y a pas autre chose à faire ; mais le garder pour coordonner et organiser une nouvelle conception générale des choses, laquelle aura pour elle l'autorité de l'expérience acquise, des lumières nouvelles que l'humanité s'est faite, voilà le but. » C'est une religion nouvelle à fonder, et c'est, *dès le principe, dès ses commencements*, quoiqu'il ne prononçât pas encore le mot, ce qu'Auguste Comte a voulu faire. Et ici reparaissent, pour trouver leur emploi, tous ces penchants qui auraient pu, n'eut été l'effroi et l'horreur de l'anarchie, faire de Comte un individualiste et un libéral radical. L'indépendance farouche de l'esprit fait des individualistes de ceux qui ne tiennent pas à imposer leurs idées aux autres, et des autoritaires de ceux qui caressent cette espérance ; et ceux-ci seront les autoritaires de leur autorité et non pas d'une autre, mais ils n'en seront qu'autoritaires plus obstinés. Indiscipliné, Comte continuera à l'être, mais en prétendant imposer aux autres une discipline très rigoureuse ; absolu dans ses idées, il le sera toujours, en n'autorisant que lui à l'être, et en exigeant des autres la foi en lui ; et son orgueil trouvera son compte à cette œuvre de création intellectuelle et morale, et sa naïveté l'aidera à croire qu'elle est relativement facile et de prompte réalisation. Avec ses instincts-Comte ne pouvait être qu'individualiste solitaire et retranché, ou chef très dominateur et haut placé de quelque chose. Dans les deux cas, c'est être isolé. Et avec sa croyance au progrès et sa passion de l'unité, il ne pouvait pas être individualiste. Restait qu'il voulût être pontife suprême d'une religion nouvelle, et c'est ce qu'il a voulu être et ce qu'il a été.

II

Ne voir de salut que dans l'unité de pensée, combattre l'anarchie sous toutes ses formes, c'a donc été l'œuvre continue d'Auguste Comte. L'anarchie, il l'a aperçue tout de suite, dès 1820, tout autour de lui. Qu'y voyait-il ? Des savants, des hommes politiques, des moralistes, des philosophes, tous inspirés par les principes et guidés par les méthodes les plus différentes, travaillant chacun sur un plan qui est à lui, nullement tous ensemble sur un plan commun. Voilà un chantier bien mal tenu et sur lequel on ne bâtira rien de solide.

Ce qui frappe d'abord c'est la division du travail, non soumise à un dessein général. La division du travail est chose excellente à la condition qu'elle soit établie par quelqu'un qui sache vers quoi convergent les efforts ainsi divisés. S'ils ne convergent nulle part, elle ne produira absolument rien. Ou plutôt elle aura un résultat déplorable : la séparation et l'éloignement de plus en plus grand des hommes les uns relativement aux autres. En industrie la division du travail abêtit les ouvriers, en science elle sépare et éloigne les uns des autres les hommes instruits. Nous travaillons depuis-quelques siècles à nous désunir. L'état d'esprit d'un littérateur ou d'un moraliste est tellement différent de celui d'un ingénieur ou d'un industriel qu'ils ne se comprennent les uns les autres qu'à condition de parler de futilités.

Cet état est déplorable, prohibitif de tout progrès. Dès 1825, dans un article du *Producteur (Considérations philosophiques sur les sciences et les savants)*, Comte le signale avec effroi : « Le perfectionnement de nos connaissances exige indispensablement sans doute qu'il s'établisse dans le sein de la science une division du travail permanente ; mais il est tout aussi indispensable que la masse de la société, qui a continuellement besoin de tous ces divers résultats à la fois pour adopter les doctrines scientifiques comme ses guides habituels, les tienne pour branches diverses d'un seul et même tronc. » C'est ce qui est très loin d'être la vérité. Comte dira plus tard : « Tout en reconnaissant les prodigieux résultats de cette division, il est indispensable de ne pas être frappé des inconvénients capitaux qu'elle engendre par l'excessive particularité des idées qui occupent exclusivement chaque intelligence individuelle. Craignons que l'esprit humain ne finisse par se perdre dans les travaux de détail. » Et encore : « La spécialité croissante des idées habituelles doit inévitablement tendre en un genre quelconque à rétrécir de plus en plus l'intelligence. C'est ainsi que la première cause élémentaire de l'essor graduel de l'habileté humaine paraît destinée à produire ces esprits très capables sous un rapport unique et monstrueusement ineptes sous tous les autres aspects. »

Voilà une première cause d'extrême division et dispersion qui aura les conséquences les plus graves parce qu'elle ne peut que s'accroître de tous les progrès mêmes auxquels elle contribuera.

Il y en a bien d'autres : tous les penseurs, et même ceux qui se croient les plus énergiques adversaires de cette idée nouvelle, sont dominés par le dogme très antidogmatique et très « antisocial » de la « liberté de conscience ». La liberté de conscience est excellente comme arme de combat pour détruire le pouvoir théologique, comme le dogme de la souveraineté nationale pour renverser la souveraineté royale ; mais ce ne doit être qu'une opinion transitoire, car elle est toute négative, nullement féconde, nullement directrice, et tout le contraire de directrice. C'est ce que Comte s'efforçait de faire entendre dans ce même *Producteur (Considérations sur le pouvoir spirituel)*, et c'est ici que l'on vit bien éclater le contraste et le conflit entre l'esprit du XVIIIe siècle et l'esprit de la petite école nouvelle. Benjamin Constant protesta très vivement : «…Et enfin, s'écria-t-il ironiquement (dans une lettre au journal *l'Opinion*) la liberté de conscience elle-même, ce qui est bien plus grave, la liberté de conscience elle-même, n'étant qu'un moyen de destruction, bon aussi longtemps que l'erreur subsiste, ne doit plus exister quand on a découvert la vérité ! » — À quoi Bazard répondait : Mais, après avoir été une œuvre de combat, la liberté de conscience à l'état de règle, de loi générale, n'est qu'un état d'esprit stérile et comme puéril, parfaitement impuissant. Elle est « l'effet d'une désorganisation, d'une destruction », et, « prise comme dogme, *elle suppose que la société n'a pas de but* » ; elle suppose « *qu'il n'y a pas de liberté sociale* ; car enfin on ne songe pas à l'invoquer contre la physique », et si elle a un office, « sa tâche, ayant été jusqu'à présent de détruire, est désormais d'empêcher que rien ne s'établisse. » Débat infiniment intéressant qui montre assez que dans ce petit cénacle du *Producteur*, sous l'inspiration de Saint-Simon, c'était bien une école autoritaire toute nouvelle qui essayait de se fonder et qui avait déjà tout son esprit.

Il n'y a pas jusqu'au mot de Bazard : « *On ne l'invoque pas contre la physique* », qui ne soit bien significatif. Ce que Comte voudra fonder, c'est une « physique sociale » contre laquelle on ne puisse pas plus invoquer la liberté de conscience que contre la physique, et déjà dans le *Producteur* il dit le mot : « Nous avons une physique céleste, une physique terrestre, une physique végétale et une physique animale. *Il nous faut encore une physique sociale.* » Dès le premier jour, Auguste Comte veut qu'on arrive à constituer une autorité intellectuelle qui soit invincible à toute anarchie et répressive de toute anarchie.

Mais une cause d'anarchie intellectuelle bien plus profonde et d'effets bien plus grands que les précédentes, c'est le mouvement de la civilisation elle-même. Nous en avons déjà vu un effet dans la division et subdivision des sciences qui va précisément contre la constitution de la science à mesure même qu'elle crée la science ; un autre effet de cette marche de la civilisation, c'est ce qu'elle laisse derrière elle de principes caducs, utiles à un certain moment, inutiles un peu plus tard, nuisibles enfin, et qui à l'heure où nous sommes, par exemple, luttant entre eux, luttant aussi avec les principes nouveaux qui devraient les avoir remplacés tous, font, dans un même cerveau humain, un conflit d'idées maîtresses inconciliables, un conflit de siècles différents dans une même minute, un conflit de plusieurs anachronismes se heurtant les uns contre les autres, et d'autre part se heurtant contre des actualités ; bref, la plus terrible et dévastatrice psychomachie qui se soit vue, mais non pas qui doive se voir, car elle puisera dans les temps qui viendront de nouveaux éléments et de nouvelles ressources de combat. Pour bien comprendre cela, c'est l'histoire de l'humanité intellectuelle qu'il faut faire. On peut, pour abréger, la diviser en trois grandes périodes : il y a eu un âge théologique, un âge métaphysique, et il y a un âge scientifique.

L'âge théologique, qu'on peut subdiviser lui-même en période fétichique, période polythéique et période monothéique, est un âge de l'humanité où l'on attribuait tout phénomène à un agent, à un être semblable à l'homme.

Autant de phénomènes, autant de dieux particuliers qui les créent, comme nous soulevons une pierre ou brandissons une massue : voilà le fétichisme.

Autant de groupes de phénomènes, autant de dieux qui y président, qui les veulent, phénomènes maritimes relevant de Poséidon, phénomènes célestes relevant de Zeus ; voilà le polythéisme ; c'est une concentration du fétichisme.

Tous les phénomènes possibles ayant pour cause continue un seul être, une seule volonté, relevant de lui, dépendant d'elle, voilà le monothéisme ; c'est une concentration du polythéisme.

Dans ces trois périodes, cent mille, cent ou un être, semblables à l'homme, qui meuvent ou qui meut, qui régissent ou qui régit les phénomènes naturels ; de l'une à l'autre période une centralisation successive de ce pouvoir jusqu'à ce qu'il soit ramassé en un seul être tout-puissant : voilà l'âge théologique de l'humanité.

L'âge métaphysique, beaucoup plus court du reste, est beaucoup moins net, et n'est qu'une transition. En cet âge l'humanité attribue la création des phénomènes non plus à des êtres, non plus à un être, mais à des abstractions. On ne dira plus Cérès, on dira la Nature ; on ne dira plus Zeus, ou dira l'Attraction, et l'on sera porté à croire que la Nature est un être et que l'Attraction en est un autre. C'est l'état naturel d'un esprit qui est habitué à voir dans le monde des causes qui sont des êtres, et qui, déjà n'y saisissant plus que des lois, prend ces lois pour des causes et ces causes pour des êtres, et leur donne, par habitude, des noms propres. Si cette opération de l'esprit était très précise et si cette tendance de l'esprit était très forte, elle ramènerait au polythéisme ; elle peuplerait l'univers de lois prises pour des causes habillées eu êtres, qu'on adorerait. Mais ce penchant est faible ; il n'est qu'un reste de théologie exténuée et effacée, et il ne va pas plus loin qu'à créer un système d'allégories ; mais encore il habitue trop l'esprit à se payer de mots, ou il le maintient dans l'habitude de s'en payer.

Le troisième âge est l'âge scientifique. Dans celui-là l'homme renonce à connaître les causes des phénomènes. Qu'elles soient des êtres multiples, un être unique, des entités métaphysiques, il n'en sait rien, et ne sait qu'une chose, c'est qu'il ne le saura jamais. Il se borne à découvrir les lois des phénomènes ; c'est-à-dire à savoir, autant qu'il peut, comment les phénomènes ont l'habitude de se passer. C'est tout ce qu'il s'accorde, et, tout le reste, il se l'interdit. Il n'est ni déiste ni athée : il est ignorant ; il n'est ni métaphysicien ni antimétaphysicien : il est *citraméta-physicien* ; c'est à la métaphysique, exclusivement, qu'il s'arrête, sans savoir s'il y en a une ou s'il n'y en a pas, et ne sachant rien sur ce point si ce n'est qu'il ne peut rien en savoir. Il ne connaît que des faits et certaines répétitions constantes des faits, qu'il appelle les lois de ces faits, et son savoir n'ira jamais au-delà, et jamais au-delà n'ira sa recherche, qui du reste est indéfinie.

Or de chacun de ces états successifs reste dans le suivant et dans tous les suivants un résidu qui s'amincit toujours, jamais ne disparaît, et qui l'encombre et qui les encombre. Il reste du fétichisme dans le polythéisme : par exemple Poséidon est bien le dieu de la mer, mais chaque flot est un triton qui obéit à peu près à Poséidon, mais qui a encore sa petite personnalité. Il reste du polythéisme et du fétichisme dans le monothéisme : par exemple Dieu est Dieu ; mais il y a des saints qui ont leur autorité et des vierges locales qui font des miracles. Il reste dans l'âge métaphysique du monothéisme avec du polythéisme et du fétichisme, et, derrière les entités métaphysiques, le métaphysicien adore un Dieu, et ce Dieu a son cortège mentionné tout à l'heure. Et dans l'âge scientifique il reste des préjugés métaphysiques et des conceptions monothéiques, polythéiques et fétichiques.

De telle sorte que l'humanité croit s'affranchir et se surcharge, croit marcher à la simplification et se complique. Chaque homme moderne, selon son tour d'imagination, est plutôt monothéiste qu'autre chose, ou plutôt fétichiste qu'autre chose, ou plutôt scientifique qu'autre chose, et voilà une cause d'anarchie, de conflit habituel entre lui et les autres hommes ; mais de plus celui-là qui est surtout monothéiste est en même temps un peu polythéiste, un peu fétichiste et un peu métaphysicien ; celui-là qui est surtout métaphysicien est en même temps un peu polythéiste, un peu monothéiste, un peu scientifique, et ainsi de suite, et cela fait une anarchie dans chaque cerveau. Chaque esprit humain est un raccourci de l'humanité et présente le même spectacle d'incohérence intellectuelle que l'humanité tout entière. Le monde surabonde d'idées maîtresses inconciliables qui s'entrelacent et de croyances contradictoires qui s'enchevêtrent. La civilisation, en accumulant idées générales sur idées générales, entasse l'une sur l'autre des lumières qui deviennent des ombres. Le cerveau humain est une nuit profonde où circulent et luttent des feux follets de diverses couleurs qui, éblouissant l'esprit sans l'éclairer, ne font que l'obscurcir davantage.

Tels sont les principaux éléments de l'anarchie intellectuelle du monde moderne.

Les derniers siècles l'ont-ils diminuée ? Ils l'ont augmentée. Ils ont été un effort pour affranchir l'humanité des derniers restes de l'esprit théologique et de l'esprit métaphysicien, et, à cet égard, ils ont en apparence diminué l'anarchie intellectuelle. Mais ils n'ont en ceci que donné un des moyens de la diminuer plus tard, et en attendant ils l'ont aggravée. Car par quoi ont-ils remplacé ou prétendu remplacer et théologie et métaphysique ? Par la liberté de penser, la liberté de croire et la liberté de parler. Rien de meilleur pour détruire ; rien de plus vain pour fonder. On s'est habitué à croire que la liberté était quelque chose en soi, était une doctrine, une doctrine capable de se transformer en réalité, de produire des faits, de créer un état moral et un état social. C'est faux. La liberté est quelque chose de négatif, ce qui veut dire en français qu'elle est un rien. La liberté est le droit de ne pas accepter l'état moral et l'état social que l'on rencontre, elle n'est pas une force capable de créer un état moral ou un état social quelconque. Elle est désorganisatrice par avance et inorganisatrice par définition. Elle consiste à dire : « Vous croirez ce que vous voudrez. » D'accord, et, s'il s'agit de briser un joug, excellent ! S'il s'agit de fonder une communauté par l'embrassement d'une idée commune, néant. De l'état de liberté ne peut sortir aucune idée créatrice de quelque chose, sinon à condition qu'on sorte de cet état. C'est une idée uniquement négatrice et un état uniquement négatif. Les libéraux sont gens qui ne savent que dire : non. La liberté est un *nolo* et un *veto* individuel. De « je ne veux pas » et « je vous arrête » prononcé et posé avec énergie par trente millions d'hommes rien ne saurait résulter qu'une sorte d'immobilité farouche. Il s'agit pourtant de marcher, d'agir, et de faire quelque chose.

Il y a plus : l'état de liberté est non seulement état d'impuissance ; il est état de conflit et de discorde. Il est la discorde considérée comme un dogme et tenue pour une institution. Ces trente millions d'hommes ne disent point « Je ne veux pas » seulement à leurs chefs, aux maîtres que la suite des temps a pu leur laisser ; ils se le disent les uns aux autres. L'esprit de liberté devient une habitude sociale. On ne s'attache pas à la liberté seulement connue à un droit, on y prend plaisir comme à l'exercice d'une passion. Il y a une passion libérale, et un libéralisme passionné. L'homme est très fier de « penser par lui-même », et comme, à l'ordinaire, il ne pense pas, c'est la liberté on soi, le plaisir de nier ceux qui pensent, sans penser lui-même, qu'il chérit. Trente millions d'orgueils solitaires, sans raison d'être et sans prétexte, exaltés par la conscience d'exercer un droit sacré, inquiets dès que, par un acquiescement momentané à la pensée d'autrui, ils s'avisent qu'ils cessent ou vont cesser de l'exercer : donc conflit voulu, créé de rien quand il n'a pas de matière, inventé pour le plaisir quand il n'a pas d'occasion, discorde cultivée avec amour, honorée et consacrée de noms honorables, voilà en son fond l'état de liberté. C'est l'anarchie sacrée reine du monde.

Les philosophes du XVIIIe siècle, à la suite du protestantisme, ont créé cet individualisme affolé. Ont-ils eu tort ? Pas le moins du monde : à chaque siècle suffit sa peine. L'urgent c'était de briser les anciennes idoles. Le plus important pour le penseur, qui ne fait jamais qu'aider un peu la marche naturelle des choses, c'est de voir ce qu'il a à faire au siècle où il est. Au XVIIIe siècle ce qu'il y avait à faire c'était une table rase. On l'a faite, soit ; mais nous n'avons plus rien à raser. La période de transition est passée. Continuer à crier *liberté*, c'est vouloir que la société, parce qu'on l'a désorganisée comme étant mal organisée, ne s'organise plus. C'est faire d'un cri de guerre une constitution ; c'est faire d'une négation un principe de vie nouvelle. Assez de négatif : c'est un principe positif que maintenant il faut trouver. Qu'on fasse bien attention à ce sens du mot *positif*. C'est le premier sens du mot, et c'est le vrai dans la pensée des premiers positivistes. Positivisme, dans l'acception courante du mot, est devenu l'opposé d'hypothétique et de conjectural. Il signifie ne croire qu'aux faits et à certains rapports reconnus constants entre les faits. Dans les commencements son vrai sens était autre. Il signifiait le contraire de négatif, comme le veut la bonne langue traditionnelle ; il était opposé à ce qu'il y avait de purement négatif, prohibitif et destructeur dans la philosophie du XVIIIe siècle. Il signifiait mettre quelque chose à la place de rien. C'est dans ce sens que Comte emploie sans cesse l'expression de *politique positive* dans le *Producteur* de 1825.

Voilà donc l'état anarchique de l'humanité et plus particulièrement de la France au lendemain de la Révolution française. Par la division du travail dans le domaine scientifique, par le conflit des différentes et contraires idées maîtresses que les phases successives de la civilisation ont laissées dans les cerveaux humains, par les idées de liberté et le tort qu'on a de croire qu'elles sont la solution définitive, par l'individualisme et le tort qu'on a de s'y attarder comme à un état définitif, l'anarchie intellectuelle et par suite morale la plus complète règne partout. Le XIXe siècle piétine sur place avec impatience, avec colère, avec inquiétude, et, qui bien pis est, avec complaisance. Il est une halte dans l'incertitude. Il faut probablement sortir de là.

III

Pourquoi ? dites-vous. Parce que « l'esprit humain tend constamment à l'unité de méthode et de doctrine ; c'est pour lui l'état régulier et permanent : tout autre ne peut être que transitoire » ; parce que jamais le monde n'a vécu que rassemblé autour d'une idée générale qui lui donnait sa méthode de recherches, d'études, d'explications pour toutes choses ; parce qu'il change de principe directeur, mais non pas de nature, et que sa nature est d'avoir un principe directeur ; parce que, donc, il en faut un nouveau, les anciens ayant l'un après l'autre disparu, en laissant derrière eux des ombres gênantes d'eux-mêmes, mais en perdant leur vertu directrice, leur force d'idées vivantes. Il faut un nouveau principe directeur pour sortir de l'anarchie, ou l'on en sortira tout de même, mais en retournant aux principes directeurs anciens et en leur donnant la vie factice qu'ils peuvent toujours recouvrer, parce que toujours ils laissent d'eux-mêmes quelque chose dans l'esprit des hommes. Sortons donc de l'anarchie par la découverte d'un nouveau principe.

Mais comment ? — Réfléchissons un peu. Nous disions peut-être un peu trop tout à l'heure que liberté de penser n'importe quoi était tout ce que les deux ou trois derniers siècles avaient laissé derrière eux. Ils ont laissé cela surtout, et ce que l'homme moderne aime en apparence le plus c'est n'accepter aucune doctrine et croire qu'il en a une à lui ; cependant il semble qu'une nouvelle puissance intellectuelle s'est levée depuis trois siècles qui a quelques-uns au moins des caractères qu'avaient les anciennes. Les hommes croient à la science un peu comme ils croyaient autrefois aux choses de foi. Sceptiques, oui, en religion, en philosophie, en politique quelquefois, en morale souvent ; penseurs libres ou libres penseurs, oui, en théologie, en métaphysique, en sociologie et en éthique ; en physique, non, en astronomie, non. Voilà des millions d'hommes qui croient que la terre est tournante et le soleil fixe, qui le croient absolument, sans être aucunement capables de se le démontrer. Ceci est une foi, une foi d'un nouveau genre, qui n'est pas accompagnée de sentiment ni de passion, mais c'est une foi. La foi consiste à croire sur parole quelque chose qu'on n'a pas découvert soi-même, qu'on ne peut pas se prouver, et qu'on n'a la prétention ni d'avoir découvert ni de pouvoir prouver. Voilà une foi nouvelle.

Elle n'est même pas si dépourvue de sentiment et de passion que nous le disions tout à l'heure ; car elle sait, ou sent, qu'elle est en opposition avec les anciennes, et cela lui donne une certaine ardeur et zèle d'apostolat, du moins pour quelque temps. Enfin voilà une foi. Si le mot paraît bien ambitieux, disons qu'une nouvelle autorité intellectuelle s'est élevée entre les hommes qui a quelque chose du prestige qu'avaient en elles les religions anciennes, de leur majesté, de leur puissance, de leur décision. Elle est quelque chose que l'on croit et qu'on ne discute pas.

Notez de plus que la science semble bien gagner progressivement, continûment, tout le terrain que les religions et les métaphysiques paraissent perdre. Non seulement la science est une nouvelle manière de croire ; elle est une nouvelle manière de jouir par l'esprit ; elle est un goût, et un goût de plus en plus vif.

Le vieil homme, l'animal métaphysicien, disparaît ; l'homme nouveau, l'animal qui collectionne des faits et groupe des faits, se fait légion. Il y a là une mode. Une mode qui dure trois cents ans en s'accusant de plus en plus est un signe très considérable. Dans les habitudes d'esprit, dans les livres, dans les journaux et brochures, la science, l'observation, la découverte, la statistique occupent la place que jadis les discussions théologiques, philosophiques, casuistiques, occupaient. C'est un âge nouveau de l'humanité qui commence. C'est un nouveau principe directeur qui paraît dans le monde et qui s'y installe avec tout les caractères principaux des principes directeurs anciens. Voilà qui est dit, l'humanité sera désormais scientifique, comme elle a été polythéiste, monothéiste et métaphysicienne.

Seulement le nouveau principe directeur est encore très gêné par la persistance des précédons et par leur obstination à ne pas mourir. Ce qu'il faut c'est débarrasser le nouveau principe de ses voisins et rivaux peu dangereux, mais qui l'offusquent, impuissants mais qui le voilent, qui surtout l'empêchent d'être seul. Il faut donc d'abord repousser, exterminer absolument l'esprit théologique et l'esprit métaphysique ; — ensuite débarrasser la science *de ce qu'elle a gardé en elle-même de l'esprit théologique et métaphysique*, et ceci est le plus important, parce que, de ce qu'elle en garde ainsi, elle soutient d'autant l'esprit rival et prolonge l'existence de son ennemi par elle-même aux dépens d'elle-même ; — enfin systématiser les sciences et en former un seul corps, animé d'un esprit unique très nettement déterminé, et ceci est le plus important, parce que la science a cette infériorité sur les principes anciens d'être multiple au lieu qu'ils étaient uns : il y a eu *la* religion ; il y a eu *la* métaphysique ; mais c'est jusqu'à présent, par une sorte de complaisance littéraire, qu'on dit *la* science : il y a *des* sciences, séparées les unes des autres ; il faut pour qu'elles soient fortes qu'elles soient ramenées à l'unité ; et c'est pourquoi la systématisation des sciences est le plus important des trois projets que nous venons de former.

Le premier va de soi, et la réalisation en est presque achevée. C'est précisément la tâche que le XVIIIe siècle s'est donnée et a accomplie, la tâche destructrice. Sur ce point, il n'y a qu'à le répéter ; redire que par définition le surnaturel est inaccessible à l'homme, qui est naturel ; redire que la métaphysique est le rêve d'un être qui, saisissant des lois, croit saisir des causes, ou la rhétorique d'un homme d'esprit qui, donnant un nom à une loi, la voit dès lors, par une sorte d'allégorie, comme un être réel et un petit dieu vivant. Tout cela a été dit, doit être répété tant qu'il y aura des gens qui n'en seront pas convaincus, mais peut être laissé comme tâche aux ouvriers en sous-ordre de la réforme intellectuelle. Et précisément ce sera l'office des héritiers attardés du XVIIIe siècle, des légataires de l'esprit négatif, des hommes qui ne vont pas plus loin qu'à dire : « Nous repoussons les anciennes croyances. » Il faut bien qu'ils servent à quelque chose.

Le second projet est plus vaste, plus minutieux aussi, et plus rude. C'est une sorte d'épuration des différentes sciences pour les purger de ce qu'elles gardent en elles-mêmes d'esprit théologique et d'esprit métaphysique. Ce n'est pas si peu qu'on pourrait croire. Les physiciens parlent du « fluide électrique » et de l'« éther lumineux », les chimistes, des « affinités », comme si c'étaient des êtres très puissants mettant en mouvement la matière parce qu'ils le veulent ; les biologistes parlent du « principal vital » et des « forces vitales », comme s'ils étaient des personnages qu'ils auraient vu tendre les tissus et charrier le sang ; les psychologues parlent du *moi* comme si, au fond de l'homme, il y avait un *homunculus*, prenant conscience de tout ce qui se passe dans la machine humaine et la dirigeant. Ce sont là des entités toutes gratuites, produits de l'imagination spéciale qui est l'imagination métaphysique. Ces prétendues solutions « présentent évidemment le caractère essentiel des explications métaphysiques », à savoir « la simple et naïve reproduction en termes abstraits de l'énoncé même du phénomène. » Les pierres lancées de la terre y retombent. La cause en est l'attraction, nous dit-on. Cela veut dire : « Les pierres lancées de la terre y retombent. » Absolument rien de plus. Disons donc : « Les pierres lancées de la terre y retombent, » ce qui est une loi, et ne parlons pas d'attraction, ce qui a l'air d'être une cause, et ce que, l'esprit tout pénétré d'imagination métaphysique, nous allons prendre pour une cause, et vaguement pour un être, dans cinq minutes. Toutes les sciences possibles sont ainsi peuplées d'entités dont on pourrait faire tout un système allégorique, et rien n'est plus naturel ; car ces trois états, théologique, métaphysique, scientifique, et même ces cinq états, fétichique, polythéique, monothéique, métaphysique, scientifique, par lesquels l'humanité a passé, *chaque science y a passé elle-même* ; ou plutôt, ce qui revient au même, chacun de ces états étant simplement le résumé des tendances de l'esprit humain, l'esprit humain, en chacun de ces états, n'étudiait chaque science qu'avec des tendances dominées par ce penchant général, et à chaque science a donné successivement un tour fétichique, un air polythéique, une couleur monothéique et un caractère métaphysique ; et c'est des résidus de tout cela qu'il faut nettoyer la science actuelle.

Mais la plus métaphysique et la plus détestable des entités, c'est la finalité. L'ancienne conception de l'univers se ramenant toujours à considérer ce qui s'y passe comme analogue à ce que fait l'homme. De même que l'on considérait un arbre comme un homme qui lève les bras au ciel, et la mer tempétueuse ou le ciel tonnant comme un homme en colère, de même, l'homme agissant toujours dans un dessein et en vue d'un but, on considérait l'univers comme une œuvre ayant un but, dirigée par une volonté, présidée par une intention, marchant où quelqu'un la guide, et chaque partie de l'univers, tout pareillement, comme une fin où a tendu une intention, en même temps que comme un moyen tendant à une fin plus générale. Ainsi, la terre n'est ni trop froide ni trop chaude pour nous tuer, ni trop molle ni trop dure pour notre poids et pour nos charrues : c'est qu'elle a été faite pour nous, pour nous servir de séjour et d'empire. Elle a été composée de telles et telles matières pour être ce qu'elle est, voilà un premier dessein ; elle est ce qu'elle est pour que nous y puissions vivre, voilà un second dessein plus général ; nous y vivons pour une fin plus générale encore et plus haute que c'est à nous de comprendre. Creusons ceci : il revient à dire que si la terre était autre, nous n'existerions pas ; voilà tout. La terre étant ce qu'elle est, nous y sommes ; mais ce n'est pas une raison pour qu'elle ait été faite ainsi *pour* que nous y soyons. Cela, nous n'en savons rien. Où l'on voit dessein poursuivi, on n'est légitimement autorisé qu'à voir effet produit ; où l'on voit finalité, on n'est légitimement autorisé à voir que conditions d'existence. « Pour qu'il y ait végétation il faut qu'il y ait terre végétale » ne signifie pas du tout que la terre végétale a été faite avec prévoyance pour qu'il y eût végétation, mais simplement qu'il y a végétation là où il y a terre végétale.

Il n'y a pas une finalité qui résiste à cette réflexion si simple. Les causes finales sont un immense système anthropomorphique. Elles viennent de l'impossibilité où l'homme a été longtemps de concevoir autre chose que lui, et de concevoir quoi que ce soit de créé comme fait autrement que ce qu'il fait lui-même. Le monde est un beau mécanisme ; jamais l'homme n'a fait une mécanique autrement que pour un de ses besoins et dans un but très déterminé : donc le monde a un sens et un but. Il est possible ; mais rien ne nous le dit ; nous n'en savons rien. Le raisonnement précédent repose sur cette prémisse que le monde a été fait par un homme, ce qui n'est pas prouvé, et ce qu'il faut prouver avant de faire le raisonnement qui précède. La finalité n'a donc aucun caractère scientifique. Elle doit être reléguée dans le domaine des hypothèses. C'est de la pure métaphysique. Encore une idole, comme dit Bacon, à éliminer du domaine de la science. C'est la plus imposante, la plus antique et la plus fortement enracinée.

Voilà les principaux résidus métaphysiques qu'il faut écarter de la pensée humaine pour qu'elle devienne purement et simplement scientifique. Au fond, cette élimination, si radicale qu'elle paraisse, se ramène au mot de Bacon : « Je ne fais pas d'hypothèses. » Toutes ces entités métaphysiques sont simplement des conjectures qui dépassent les faits, avec ce caractère particulier qu'elles sont de nature à les dépasser toujours. L'hypothèse non seulement est permise en recherche scientifique, mais elle y est utile, à la condition d'être telle qu'elle soit destinée à disparaître dans sa vérification. Au cours de mes observations je suppose que tel fait, que je rencontre souvent dans telles circonstances, se rencontrera toujours dans ces mêmes circonstances : je fais une hypothèse. Mais voyez bien le caractère de cette hypothèse : elle est destinée à périr si elle n'est pas vérifiée et aussi si elle l'est. Ces circonstances de tout à l'heure, je les provoquerai mille fois. Si le fait que j'ai observé ne s'y reproduit que de temps en temps, j'abandonne l'hypothèse ; la voilà morte. Si le fait se reproduit mille fois, l'hypothèse est vérifiée, elle est une loi : donc elle n'est plus une hypothèse ; comme hypothèse la voilà morte. Les entités ou les lois universelles que nous avons appelées métaphysiques ne sont pas de même nature. Elles ne sont pas destinées à s'absorber dans les faits dont elles auront provoqué la découverte ; elles sont destinées à les dépasser toujours. Rien ne prouvera jamais l'existence du principe vital considéré comme force à part dans le tourbillon d'une vie animale. C'est une hypothèse agréable à l'esprit, qui paraîtra toujours vraisemblable et ne se vérifiera jamais, parce qu'elle domine trop les faits pour y rentrer et s'y perdre. Rien ne prouvera jamais l'existence du *moi* distinct des phénomènes psychologiques. C'est une conjecture commode, mais qui planera toujours sur les faits sans qu'il y ait aucune raison pour qu'elle se confonde avec eux et s'évanouisse à s'y incorporer. Rien ne prouvera jamais la finalité. C'est une vue générale très séduisante et très satisfaisante, mais qui n'est pas vérifiable parce qu'elle transgressera toujours les faits qu'elle prétend expliquer. Ils n'y entreront jamais de manière à la remplir. Elle ne disparaîtra donc jamais, elle n'est pas destinée à disparaître. C'est pour cela qu'elle est fausse *a priori* : c'est pour cela qu'elle n'a pas le caractère d'hypothèse scientifique. L'éternité probable d'une hypothèse est sa condamnation. Une hypothèse n'est recevable qu'autant qu'elle est caduque, qu'autant qu'on peut prévoir qu'elle n'aura pas la vie longue, puisque c'est sa mort même qui doit être son triomphe. La science repousse donc les hypothèses qui ont l'air de vouloir être immortelles : c'en est la marque.

De plus, ces résidus métaphysiques que contient encore la science, sans compter qu'ils favorisent la paresse d'esprit en le payant de mots, l'inclinent à la métaphysique proprement dite. Rien n'est plus sain à l'esprit humain que de grouper des faits et d'en chercher les lois ; rien ne lui est plus dangereux que de croire découvrir des causes. La cause trouvée, ou crue découverte, il se repose sur elle, explique tout par elle, et ne cherche plus rien. Les phénomènes les plus intéressants passent devant lui sans qu'il se baisse pour les étudier. Il arrive à une sorte d'extase continue qui l'endort et le paralyse. Il y a une sorte de fatalisme intellectuel qui est un produit assez ordinaire, presque nécessaire, du moins très naturel, de l'esprit métaphysique.

Il y a plus encore. Une cause trouvée ou crue découverte, c'est une espèce de Dieu qu'on adore jalousement, et avec une passion, comment dire ? une passion théologique, et c'est tout dire. Il y a beaucoup d'esprit théologique dans l'esprit métaphysique. L'homme qui a découvert une loi en cherche une autre ; l'homme qui a cru découvrir une cause est une espèce de dévot et de prêtre qui admire et adore cette cause d'autant plus qu'il s'y admire et s'y adore. Il est dans le secret d'une force du monde revêtue d'un caractère auguste et sacré, et il participe à ses mystères. Il devient irritable, intraitable et orgueilleux.

Ces défauts, qui du reste sont toujours à craindre avec les hommes, même avec ceux qui ne connaissent ni théologie, ni métaphysique, ni science, ont cependant quelque chance d'être moindres dans un esprit exclusivement scientifique. Ce serait déjà bonnes conditions de sagesse quand il n'y aurait que ceci que le pur homme de science vit constamment avec les faits et ne consent jamais à les perdre de vue. Le commerce des faits est excellent, parce que nous sommes des faits nous-mêmes, très contingents, très éphémères et très bornés, et que nous sommes évidemment destinés à vivre avec eux. C'est vivre conformément à notre nature que de disséquer des grenouilles et faire attention aux valves des pétoncles, qui, du reste, sont des chefs-d'œuvre que Bernard Palissy admirait. — Et puis l'homme qui collectionne des faits, qui fait des classifications et qui cherche des lois n'a jamais fini, et par conséquent n'arrive jamais ni à la contemplation extatique, ni au dogmatisme hautain et colérique. Les lois naturelles à découvrir et à vérifier, c'est, Dieu merci, le travail de Pénélope, lequel est le plus intelligent et le plus avisé qui ait jamais été, parce qu'il n'a pas de raison de finir. La nature à la fois se prête si largement et échappe si subtilement à nos recherches qu'une fois que nous avons établi patiemment une loi de certains faits, raisonnable, judicieuse et qui résiste, et subsiste, très bonne à garder par conséquent, de nouveaux faits se présentent qui la vérifient ; de nouveaux aussi, cherchés pour la vérifier, qui la démentent, la déforment au moins, et la gauchissent, nous forcent à l'élargir, à la redresser, bref à la changer. Ainsi de suite et ainsi toujours. C'est précisément cela qu'évite l'homme qui trouve une cause très générale expliquant tous les faits possibles, à l'avance, parce qu'elle les dépasse tous éternellement. Ce qu'il supprime, lui, c'est l'infini de la nature ; il passe d'un bond par-dessus. L'homme de science l'accepte. Il l'accepte parce qu'il est raisonnable de l'accepter, puisqu'il existe, puisqu'il est là ; aussi parce qu'un instinct secret l'avertit qu'à l'accepter il sera toujours ramené à l'étude, à la fréquentation quotidienne, au commerce continu des faits ; commerce infiniment salutaire à l'esprit par les habitudes de travail, de prudence, de patience et de modestie qu'il donne infailliblement, à ceux, bien entendu, qui les ont déjà.

Et, donc, purifier la science de tous les résidus métaphysiques qu'elle contient encore, et, très particulièrement, comme Buffon le voulait déjà, de l'idée de finalité, voilà le second projet du philosophe positiviste.

Le troisième est de systématiser les sciences, de manière à en former un corps de doctrines, une philosophie. Ce projet, comme nous en avons averti, est le plus important des trois parce qu'il y a quelque chose de très particulier dans le conflit entre la science et la théologie persistante et la métaphysique résistante. Dans ce conflit, ce n'est pas la science qui lutte contre la théologie et la métaphysique, c'est l'esprit scientifique qui lutte contre la métaphysique et contre la théologie parce que métaphysique et théologie sont constituées, la science ne l'est pas. Ce n'est donc ici qu'un tour d'esprit, qu'une habitude intellectuelle qui lutte contre des doctrines établies, organisées et solides. Ce qu'il faudrait c'est que la science, animée tout entière du même esprit, soutenue de la même méthode, solidement engrenée, de manière que chacune de ses parties, liée aux autres, appuyât les autres et fût appuyée par elles, tout entière présentât un corps de doctrines capables de satisfaire l'esprit et de lui donner une assiette ferme. En un mot, il faudrait tirer de la science une philosophie et constituer une philosophie exclusivement scientifique.

Il y aurait à cela un immense avantage. D'abord cette philosophie répondrait au tour d'esprit signalé plus haut ; elle serait de notre âge. Ensuite, ferme et consistante en ses idées générales, elle serait mobile et progressivement évolutive, comme la science même. La théologie a pour caractère, une fois constituée, d'être immobile. La métaphysique a pour caractère de tellement dépasser les faits que les faits nouveaux ne l'émeuvent pas ; les faits qu'on découvre, s'ajoutant à ceux qu'on a découverts, passent au-dessous d'elle et ne la touchent point, et c'est ainsi qu'elle est aussi immobile que la théologie. La philosophie scientifique pourrait probablement, sans jamais changer ni d'esprit ni de méthode, avoir une plus grande élasticité et comme une faculté de compréhension progressive. Elle aurait des chances ainsi de constituer un troisième état qui serait plus durable que les deux autres, ou plutôt de faire du troisième état, où nous sommes déjà, un état qui serait définitif. Il faut donc essayer de systématiser les sciences pour en tirer une philosophie, extraire de l'ensemble des sciences cette « philosophie première » dont a parlé Bacon.

Pour former des sciences un seul corps, il faut d'abord les classer. D'après quelles règles ? Cela a déjà été essayé par Bacon, par d'Alembert, par d'autres encore ; mais remarquez comme l'ancien esprit — qu'on le regarde comme théologique ou comme métaphysique, l'ancien esprit qui dominait toute philosophie autrefois, l'esprit par lequel l'homme se considérait comme le centre de toutes choses, l'esprit anthropocentrique, — a encore dirigé ces essais de classification. Bacon classait les sciences selon qu'elles se rapportaient à la mémoire, à l'imagination ou à la raison ; d'Alembert adoptait cette classification et en proposait en même temps doux ou trois autres selon qu'il considérait l'ordre logique de nos connaissances ou l'ordre historique dans lequel il supposait que l'humanité les a acquises ; mais toujours ces classifications avaient un caractère subjectif ; elles étaient le résultat d'une analyse plus ou moins bien faite de l'esprit humain. La véritable classification doit avoir un caractère objectif. Les sciences sont des constatations et des comptes rendus de phénomènes. Ce sont les phénomènes qu'il faut regarder et les caractères de ces phénomènes qu'il faut bien saisir pour les grouper, puis pour de chacun de ces groupes faire l'objet bien défini d'une science bien délimitée, puis pour rattacher chacune de ces sciences à une autre de manière à former une chaîne continue.

Suivant quel ordre sera faite cette chaîne ? Ne sera-t-il pas naturel d'aller ici du simple au composé, et de ranger les sciences suivant la complexité de plus en plus grande de leur objet ? N'est-il pas naturel de considérer que les phénomènes les plus simples et les plus généraux sont le fondement sur lequel les plus compliqués viennent s'établir ? L'homme par exemple est évidemment un être très complexe ; la science de l'homme est à un degré très élevé de complexité. Or l'homme est un animal pensant, un animal moral, un animal sociable ; voilà des choses à étudier, psychologie, éthique, sociologie. Mais l'homme ne penserait, ni n'aurait d'idées ou sentiments moraux, ni n'aurait d'idées ou sentiments sociaux s'il ne vivait pas dans telles et telles conditions. Sa vie physiologique est donc la base sur laquelle repose sa vie psychique, morale, sociale. Il faut donc rattacher psychologie, éthique, sociologie à la physiologie et n'étudier celles-là que quand on est sûr de celle-ci. Mais la vie physiologique de l'homme dépend des actions et réactions chimiques des éléments dont son corps est constitué. La physiologie repose donc sur la chimie comme sur sa base. Mais la chimie dépend des conditions générales dans lesquelles vit la planète que nous habitons ; elle repose sur la physique comme sur son fondement. Mais la vie de la planète dépend du système astronomique où elle est placée et des conditions dans lesquelles elle y est placée ; elle serait autre, et autre sa constitution physique, et autres les lois chimiques de ses éléments, et autres les physiologies de ses animaux, et autres nous serions nous-mêmes si elle appartenait à un autre système, ou si, dans le même système, elle était plus proche ou plus éloignée du soleil, ou si l'inclinaison de son axe sur l'écliptique était différente. La physique terrestre repose donc sur la physique céleste et en dépend, et l'astronomie est la hase de toutes les sciences humaines. Enfin l'instrument essentiel avec lequel nous mesurons, pesons, évaluons toutes choses et notons exactement les rapports des choses entre elles, est une science qu'on appelle la mathématique, et qui est comme l'introduction à toutes sciences parce qu'elle en est la clef. Mathématique, astronomie, physique, chimie, physiologie, morale, sociologie — voilà donc l'ordre dans lequel doivent se ranger les sciences par ordre de dépendance, voilà proprement la hiérarchie des sciences.

On voit que la loi qui règle cette hiérarchie des sciences est leur généralité décroissante et leur complexité croissante. Au principe une science pure qui n'embrasse aucune matière, qui ne s'applique à rien de matériel ; puis une science qui n'est presque encore que la précédente, puisqu'elle ne s'applique qu'à des phénomènes très généraux, qu'à des distances et des mouvements ; puis, successivement, des sciences, physique, chimie, physiologie, etc., qui s'appliquent à des phénomènes de plus en plus complexes, et enfin les sciences de l'homme qui s'appliquent à l'être le plus complexe que nous connaissions.

Cette classification, si on l'accepte, entraîne déjà toute une philosophie. Si l'on consent à faire dépendre la science de l'homme de la physiologie, la physiologie de la chimie, la chimie de la physique, la physique terrestre de la physique céleste, c'est l'ancienne conception générale des choses qui est *retournée* pour ainsi parler. La tendance ancienne de l'homme dans l'état théologique, et encore dans l'état métaphysique, était d'aller au monde en partant de lui-même. Tel il se connaissait ou croyait se connaître, tel il connaissait ou croyait connaître l'univers. Ce qu'il connaissait de lui-même, il l'appliquait à l'univers pour l'expliquer. Il se connaissait comme volonté ; et, successivement, il logeait une volonté dans chaque phénomène, dans chaque grand groupe de ces phénomènes, dans l'ensemble, dans l'universalité des phénomènes. Il se connaissait comme sensibilité, et, successivement, il logeait un être sensible, bon, méchant, irascible, reconnaissant, vindicatif dans chaque objet, dans chaque grand groupe d'objets, dans l'univers entier. Il se connaissait comme moralité, et successivement il logeait un être facteur de moralité, voulant le bien, bon au bon, méchant au méchant, dans chaque chose, dans chaque grand groupe de choses, dans l'ensemble éternel des choses. Il se connaissait comme intentionnalité, comme n'agissant jamais ou ne croyant jamais agir que dans un dessein, en vue d'un but ; et successivement il logeait dans chaque coin de l'univers, dans quelques grandes régions de l'univers, dans la totalité de l'univers, un être qui avait un dessein et qui le poursuivait ; de telle sorte que, successivement, l'univers était une collection de petits royaumes, de grands royaumes, et enfin un seul royaume, gouverné par un roi qui le menait vers une fin connue de lui ; l'univers avait un sens et un but ; il n'était pas un *fait*, il était une *œuvre*, une œuvre se continuant sous nos yeux dans la direction de son achèvement.

Ainsi l'homme faisait l'univers à son image, projetait son portrait dans l'infini. L'univers était un agrandissement de lui-même. Quand il s'appelait lui-même microcosme, ce qu'il voulait dire c'est que l'univers était un géant. Toutes les sciences étaient des dépendances de la science de l'homme, et en étaient, du reste, des imitations.

Si, à l'inverse, nous admettons que la science de l'homme est une dépendance de toutes les sciences, ce n'est plus l'univers qui est un prolongement de l'homme, c'est l'homme qui est un prolongement de l'univers. Il dépend de lui, vit de sa vie, a des lois seulement plus complexes, mais qui sont en leur fond les mêmes que celles qui régissent la matière universelle. Il est une résultante du monde entier, au lieu qu'il semblait autrefois que le monde résultat de lui. Au fond, dans les anciennes conceptions, l'homme créait l'univers. A le comprendre organisé sur le modèle de lui-même, vraiment il le créait à son image ; il entretenait en lui-même cette illusion que le monde procédait de lui. Ce n'est pas l'homme qui crée le monde, c'est le monde qui crée l'homme. Dès que l'homme aura cette idée bien nette en son esprit, c'est précisément tout l'inverse de l'ancienne philosophie qu'il aura comme à la base de toutes ses conceptions possibles.

Voilà ce que contient déjà la simple classification nouvelle des sciences, la hiérarchie des sciences.

Il n'est pas besoin de faire observer de plus, que Comte a été guidé dans le tracé de sa nouvelle classification par son horreur et sa défiance de la métaphysique. D'instinct il a donné le premier rang aux sciences absolument dépouillées de toute métaphysique, et fait dépendre les sciences mêlées d'éléments métaphysiques de celles qui n'en contenaient pas. De la mathématique et de l'astronomie à la psychologie et à la morale il y a pour lui comme un *decrescendo* de pureté scientifique. Mathématique et astronomie sont pures de tout mélange métaphysique ; physique, chimie et physiologie le sont moins ; psychologie et morale en sont pénétrées. Ce qu'il faut donc c'est bien mettre, sous la dépendance des sciences qui ne contiennent pas de métaphysique, celles qui en contiennent encore : « L'astronomie est aujourd'hui la seule science qui soit enfin réellement purgée de toute considération théologique ou métaphysique. *Tel est, sous le rapport de la méthode, son premier titre à la suprématie.* C'est là que les esprits philosophiques peuvent efficacement étudier en quoi consiste véritablement une science. » En allant de l'astronomie à la morale « nous trouverons dans les diverses sciences fondamentales des traces de plus en plus profondes de l'esprit métaphysique ». La guerre à la métaphysique est donc à la fois le but de Comte et sa méthode. A la fois il veut la détruire, et il est guidé dans la constitution de son système par la présence ou l'absence de la métaphysique dans l'objet de ses recherches. Le critérium de la vérité est pour lui l'absence de l'esprit métaphysique et ce critérium lui donne sa méthode même. Tant y a que la classification vraie des sciences, selon Auguste Comte, est celle que nous venons de résumer. Maintenant quel en est le but ? Le but est de constituer une science de l'homme et une morale qui n'aient pas besoin de métaphysique ; c'est ce que Comte tient pour le plus important de son œuvre ; c'est à quoi il a appliqué son plus grand effort. Cet effort, il sera intéressant quelque jour d'en tracer le progrès, d'en mesurer la grandeur, d'en estimer les résultats.

Chapitre II
La morale et la religion d'Auguste Comte[2]

Le but c'est de constituer une morale, ou, plus généralement, une science de l'homme, qui n'ait pas besoin de métaphysique. Car remarquez qu'il y a entre les sciences de l'homme et les sciences de la nature comme un grand trou, un hiatus énorme, par-dessus lequel il faut faire un saut, ce qui est étrange, la nature n'en faisant pas, la nature présentant partout une remarquable continuité. Les sciences de la nature, quelque mêlées qu'elles aient été d'éléments métaphysiques, en sont assez facilement nettoyables. Les idées métaphysiques qui y ont été introduites ne sont guère que choses verbales, manières de dire, espèces d'allégories que l'on peut assez aisément dissiper, comme fantômes. Mais dans les sciences de l'homme la métaphysique règne en maîtresse et la théologie y a son dernier refuge. Ici ce n'est pas la guerre à des mots dangereux qu'il faut faire ; mais à des idées profondément enracinées. Abandonner toutes les sciences naturelles à la philosophie positive, réserver les sciences de l'homme à une philosophie métaphysico-théologique paraît être la tendance générale de l'homme moderne et même de l'homme en général, cette sorte de distribution apparaissant déjà

---

[2] Par Émile Faguet (1847 – 1916).

dans ce que nous connaissons de la philosophie antique. L'homme, — qui a toujours dit : Le monde et moi, comme s'il ne faisait pas partie du monde, — croit en effet très facilement, obstinément aussi, peut-être pour jamais, que l'univers a sa loi et lui la sienne. Quand il en arrive à ce point, qui est un progrès, de ne plus organiser le monde à son image, comme nous voyions qu'il le faisait tout à l'heure, il accorde à l'univers de n'être pas sur le modèle de l'homme ; mais il ne consent pas que l'homme soit sur le modèle de l'univers, et il s'attribue des conditions de vie, et des lois de vie toutes différentes de celles du monde. Par exemple il dira que le monde est soumis à des lois fatales et que l'homme est libre ; que le monde n'offre pas trace de moralité et que l'homme est un animal moral ; que le monde ne pense pas et que l'homme pense ; que le monde n'offre pas trace de sentiments désintéressés et que l'homme est capable d'aimer pour le seul plaisir d'aimer, etc. Ainsi se forme cette manière d'abîme entre l'homme et la nature et d'abîme entre les sciences de la nature et les sciences de l'homme qui doit être une illusion, qui n'a rien de rationnel, qui doit autant scandaliser notre raison qu'il séduit notre amour-propre. Car, que seul dans l'immense univers, un atome imperceptible ait sa loi à lui, qui non seulement soit différente des lois universelles, mais leur soit contraire ; qu'il y ait une exception radicale aux lois invariables de l'univers immense et que cette exception énorme ne s'applique qu'à un seul être tout petit et infime ; qu'il y ait deux lois de l'univers, radicalement différentes, l'une pour l'univers, l'autre pour un ciron ; on conviendra que c'est bien étrange et n'entre pas dans les manières ordinaires de raisonner et de juger du vraisemblable.

Cet abîme, évidemment fictif, il s'agit de le combler ; cet homme il s'agit de le faire rentrer dans le monde dont il se croit séparé : entre les lois de l'univers et la loi de l'homme il s'agit de renouer la chaîne ; entre les sciences de la nature et la science de l'homme il s'agit de jeter le pont.

Ce n'est pas aussi difficile qu'on le croit. Il suffit de reconnaître que l'homme se distingue de la nature par certaines supériorités, et de montrer ensuite que ces qualités supérieures ne sont pourtant que les développements de choses qui sont déjà dans la nature, et que par conséquent il appartient bien aux lois universelles, mais seulement aux lois universelles arrivées chez lui à une plus grande complexité, à une plus grande délicatesse. De cette manière, entre l'homme et l'univers, la distinction subsistera, la contrariété cessera. L'homme sera un animal supérieur, comme l'animal est un végétal supérieur ; il ne sera pas je ne sais quel monstre intellectuel et moral dans l'ample sein de la nature.

Examinons en effet. Ce qui le distingue du reste du monde, c'est qu'il pense, c'est qu'il est sociable, c'est qu'il est moral. Tout cela se trouve à un degré inférieur, avec une moindre délicatesse, mais tout cela se trouve dans la nature. L'animal pense et raisonne ; l'animal est sociable, et il y a des sociétés animales parfaitement organisées ; enfin l'homme est un animal moral... ici nous voici arrivés à la vraie différence entre l'homme et la nature. — Il est très vrai que la nature ne donne à l'homme aucune leçon de moralité. Cependant, si nous écartons la morale qui a un caractère mystique, nous nous apercevrons que la morale humaine peut toute se ramener à l'instinct social, lequel est dans la nature. — Décomposons la morale humaine : Devoirs envers soi-même ne sont qu'égoïsme bien entendu : rien n'est plus *naturel*. Devoirs envers les autres, altruisme, ne sont que l'instinct social très développé. L'altruisme, c'est l'égoïsme de l'espèce dans une espèce très intelligente. Il n'a rien de métaphysique. Il est ceci : l'homme veut vivre ; il le veut comme personne, et il le veut comme espèce ; et à mesure qu'il comprend mieux qu'il ne vit que socialement, que dans et par l'espèce, il le veut plus énergiquement comme espèce que comme personne. Tous les sentiments donc qui « nous distinguent des animaux, » d'abord ne nous en distinguent pas, si ce n'est d'une différence de degré, et ensuite se ramènent à l'instinct social qui est une chose parfaitement physiologique. La morale est physiologique parce que la morale n'est que la socialité.

Il y en a bien une autre et même quelques autres, que la subtilité des hommes a inventées ; mais examinez-les bien : vous verrez *qu'elles sont immorales*. Elles sont immorales parce qu'elles sont individuelles. Le stoïcien, contempteur de l'humanité fait le bien par orgueil, et l'orgueil est un sentiment *sécessionniste*, un sentiment anti-social. Le chrétien, d'abord, en principe, a une morale semblable à la nôtre : « Aimez le prochain comme vous-même. » Et ceci, nous l'acceptons pleinement. Mais, en sa dégradation, cette morale devient immorale. Elle promet des récompenses ; elle est un appel à l'égoïsme, à l'esprit de lucre. Et comment s'est-elle déclassée ainsi ? En devenant de morale sociale morale individuelle, en délaissant le « aimez-vous les uns les autres » pour le « faites votre salut ». Revenons donc à la morale entendue comme simple développement de l'instinct social, tout entière comprise en lui, constituée par lui, progressant avec lui, et s'égarant à en sortir.

Et du même coup voilà le pont jeté enfin entre les sciences de la nature et les sciences de l'homme ; l'homme n'a pas une loi propre distincte de celle du monde, surtout contraire à celle du monde ; il n'est pas séparé de l'univers, il n'y est pas un monstre ; il en est le prolongement naturel ; les racines de son être moral comme de son être physique plongent dans la nature ; il n'est pas une « chimère », comme disait Pascal, il n'est pas un être métaphysique : il est un être naturel. Le grand effort pour établir des lois les plus générales de la nature aux lois les plus particulières de l'homme une chaîne continue, des sciences les plus générales de la nature aux sciences les plus complexes de l'animal compliqué une série sans interruption, est arrivé à une solution raisonnable.

Nous n'en avons pas fini pourtant avec l'homme ; nous avons laissé de côté son caractère le plus distinctif. Ce n'est pas qu'il soit sensible, qu'il soit pensant, qu'il soit volontaire, qu'il soit moral, qu'il soit sociable qui distingue le plus l'homme au milieu de ses frères inférieurs, qui sont les êtres, et de ses ancêtres, qui sont les choses ; — ce qui l'en distingue le plus, c'est qu'il est changeant. Les animaux le sont aussi, ne l'oublions pas ; mais ils le sont peu. Ils sont susceptibles d'éducation, d'éducation par l'homme et d'éducation par les choses ; ils n'agissent pas toujours exactement comme leurs ancêtres ont agi. Et, qu'ils y soient contraints par l'homme, ou qu'ils y soient forcés par quelque changement de leurs entours, par quelque nouvel obstacle qu'ils rencontrent, ils se modifient. Mais, d'une part, ces modifications ne vont pas très loin ; et d'autre part ils ont une tendance très marquée à oublier ce qu'ils ont appris, à revenir à leur état traditionnel, à redevenir ce qu'ils ont été. Ils sont modifiables plutôt que changeants, ils sont modifiables d'une façon passive ; ils sont modifiés, ils ne se modifient pas. Ils subissent les changements que la nature ou l'homme leur impose ; mais, la nature ne changeant guère, ils participent de son immutabilité, et l'homme n'ayant que sur un petit nombre d'entre eux une action éducative, en leur ensemble ils ne changent point. — L'homme au contraire est changeant par nature ; il est modifiable spontanément ; et il se modifie sans cesse. C'est pour cela qu'il a une histoire. Et ceci est une nouvelle science de l'homme à laquelle nous n'avions pas voulu prendre garde jusqu'ici. Nous avions considéré l'homme jusqu'ici abstraction faite de son instabilité, nous avions fait la science de la *statique sociale*. Il nous reste à faire la science de la force qui le pousse à changer. Il nous reste à étudier la *dynamique sociale*.

La *dynamique* sociale c'est une tendance constante, sous les fluctuations superficielles, à s'éloigner de plus en plus de l'animalité, de l'état d'enfance, de l'individualisme, qui sont trois choses analogues. En remontant l'histoire nous nous avisons que l'homme a été un simple animal, à très peu près, pour commencer. L'humanité a été longtemps *impulsive*. Elle obéissait à des besoins et à des passions sur lesquelles la réflexion n'avait pas agi. Et de même qu'il était impulsif en ses commencements, l'homme voyait le monde comme un peuple d'êtres impulsifs. Il attribuait aux choses qui lui étaient favorables ou nuisibles des sentiments, des âmes très capricieuses, qu'il fallait encourager dans leurs bonnes dispositions ou détourner des mauvaises par de bonnes paroles. Etant animal lui-même, il voyait le monde comme un peuple d'animaux.

Plus tard il est devenu enfant, état intermédiaire entre l'animalité et l'humanité. Impulsif encore, mais déjà raisonneur, il a appris à coordonner ses idées. Le spectacle des choses, régulières, tranquilles, méthodiques, a pu n'être pas pour peu dans ce changement. Et tout de même que tout à l'heure, l'homme en cette seconde période, a vu l'univers comme il se voyait lui-même. Il y a vu un peuple d'êtres encore passionnés, mais déjà raisonnables. Les Dieux d'alors ne sont plus des animaux, des Ames obscures et bizarres, très inquiétantes ; ce sont des rois, loin encore d'être bons, mais sensés et réfléchis, aimant mieux, tout compte fait, le bien que le mal, et à qui, en somme, les priant et les servant bien, on peut se fier. L'humanité, et avec elle ses Dieux, qui sont ses œuvres et ses images, ont passé de l'animalité à l'état d'enfance.

Puis l'homme est devenu homme. Il est devenu un être chez qui l'intelligence l'emporte sur les passions. Cet homme a vu le monde d'une façon très différente encore de celle dont les hommes précédents l'avaient vu. Capable d'une très grande généralisation, il l'a vu dans son unité et son éternité. Il s'est dit qu'il était un, pensée réalisée d'un seul esprit, et éternel, pensée réalisée d'un esprit qui ne meurt pas. Idées vraiment nouvelles ! car les anciens n'étaient pas sûrs que le monde eût été créé par un seul Dieu, et en tous cas le voyaient administré par plusieurs ; et ils se figuraient volontiers des Dieux successifs, ceux-ci détrônant ceux-là et devant un jour être détrônés à leur tour. Le monothéiste est un être qui a le soupçon de l'unité du monde. C'est lui qui a découvert l'univers, et qui le premier le comprend. — Pourquoi ? Parce que lui-même est un homme tout nouveau. Il est capable d'une réflexion qui dépasse la longueur d'une vie humaine et de plusieurs vies humaines. L'histoire, déjà suffisamment longue, lui a appris que les choses physiques se sont comportées de la même manière depuis bien des siècles, qu'il y a là un dessein suivi depuis des milliers d'années avec une invariable constance. Il suffit d'une généralisation assez naturelle pour passer de cette constatation à l'idée de l'unité et de l'éternité du monde.

 Voilà un homme tout nouveau, avons-nous dit. Sans doute. Cependant, qu'il ne croie pas être infiniment différent de ses ancêtres. Il croit à un Dieu un ; mais ce Dieu, universel pour sa raison, est pour son cœur aussi particulier et aussi local qu'un Pénate ou un Fétiche. Il le prie pour lui, il l'invoque pour lui, il lui demande des grâces particulières, il lui promet quelque chose, discute avec lui, ruse avec lui, a pour lui le genre de culte qu'a le sauvage pour sa poupée protectrice. Qu'est-ce à dire ? Que cet homme, moins impulsif que ses plus anciens aïeux, moins enfant que ses grands-pères, est encore un égoïste. Il vit en lui et pour lui, non dans l'espèce et pour l'espèce ; il n'a qu'accidentellement l'instinct humanitaire à l'état de passion, de sentiment profond. A ce titre, il est encore un animal ou un enfant. En un mot il est encore individualiste ; tant que l'individualisme ne sera pas aboli, l'évolution humaine ne sera que commencée. Tant que l'individualisme ne sera pas aboli, l'humanité ne sera pas suffisamment détachée de l'animalité. La morale est en formation ; elle ne sera achevée que quand l'instinct social pour commencer, l'instinct humanitaire ensuite, auront complètement remplacé l'individualisme.

Et voilà la morale telle que la conçoit Auguste Comte. Elle est toute *naturelle*, puisqu'elle n'est que le développement de l'instinct le plus ancien, évidemment, et le plus profond de l'homme, l'instinct social ; elle est régulière en son développement puisqu'elle suit le progrès naturel de l'humanité, puisqu'elle suit les effets progressifs de la dynamique sociale, puisqu'il n'y a qu'à la prendre là où elle est arrivée et à la pousser plus loin dans le même sens ; elle ne demande rien ni à la métaphysique, ni à la théologie, ni aux merveilles de l'abstraction, ni aux miracles de la révélation. Elle se fonde simplement en bonne physiologie, en bonne biologie et en bonne histoire. Elle prend l'homme où il en est.

On pouvait craindre que cette philosophie positive, ne voulant pas voir d'abîme entre les sciences de la nature et les sciences de l'homme, ne pût jamais fonder une morale, n'y ayant aucune morale dans les sciences naturelles, ni aucune moralité dans la nature. Mais il lui a suffi de prendre l'homme vraiment tel qu'il est, c'est-à-dire comme animal social et *en même temps* comme animal intelligent, capable de progrès, pour le montrer comme capable de transformer progressivement l'instinct social en une morale aussi complète, et aussi élevée et pure qu'on peut la souhaiter.

Oui, l'homme n'a que des lois physiques, et primitivement il est un animal comme un autre ; mais une de ces lois consiste à développer tellement le plus profond de ses instincts primitifs qu'il s'écarte presque indéfiniment de ses conditions premières d'existence ; et il est de sa nature de se séparer de plus en plus de la nature jusqu'à subordonner en lui l'animalité à l'esprit. La morale complète, ou la socialité achevée, car ces mots sont exactement synonymes, sera le triomphe de la nature sur elle-même dans le mieux doué de ses enfants. — Pourquoi non ? L'homme, nous l'avons montré, voit toujours la nature comme il se voit lui-même. Le philosophe positiviste voit la nature remportant son dernier triomphe à se vaincre elle-même, comme l'homme n'est jamais plus grand que quand il triomphe de lui.

II

C'est cette morale qu'il faut achever ; c'est cette socialité qu'il faut amener à sa perfection. Pourquoi cela est-il nécessaire ? Comment pourra-t-on y arriver ?

Cela est nécessaire parce qu'au XIXe siècle nous semblons bien être à un de ces moments de l'histoire où l'humanité recule, à un de ces moments du progrès où il y a régression, ce qui est une des lois du progrès. La morale décline et la socialité diminue, ce qui est, comme on sait, la même chose. Morale publique, morale domestique fléchissent sous nos yeux, ensemble. L'anarchie intellectuelle est la préface et elle est un agent de l'anarchie morale. Régression redoutable, qui peut être considérée comme durant depuis trois siècles, depuis le déclin du catholicisme, depuis le commencement de la *période métaphysique* !

Cette période a trois phases : le protestantisme, le philosophisme, l'esprit révolutionnaire qui règne encore. Avant le protestantisme le christianisme régnait sous la forme du catholicisme. Il avait inventé la distinction du pouvoir spirituel et du pouvoir temporel. Rien de plus juste et rien de plus salutaire. Rien de plus juste ; car les hommes ne sont jamais bien gouvernés dans leurs intérêts matériels par les savants et jamais bien dans leur être moral par les gens pratiques. Il faut donc deux gouvernements. Songez à ce qu'eût été le moyen âge sans le clergé ? Il eût été un retour à la barbarie primitive. Au lieu de cela, les hommes de pensée, trouvant des cadres préparés où ils se plaçaient d'eux-mêmes, constituaient une aristocratie intellectuelle, ouverte, solidement liée et non héréditaire, c'est-à-dire la plus parfaite que le monde ait vue, laissant à l'aristocratie temporelle l'office pour lequel elle est faite. Le moyen âge a été l'époque où le monde a été le mieux organisé.

Ce qui eût été à souhaiter c'est que le catholicisme eût été évolutif, qu'il eût pu « s'incorporer intimement le mouvement intellectuel ». Il pouvait le faire. Une religion n'étant jamais condamnée à mort que quand l'humanité trouve un principe moral plus élevé que celui que cette religion a trouvé elle-même, le christianisme ne pouvait jamais être condamné. Il pouvait donc accepter tout ce que l'humanité lui apportait de science nouvelle, et rester toujours en tête de l'humanité en marche. Mais il a eu le tort de se rattacher à la tradition littérale. Penchant funeste, parce qu'il contraignait le catholicisme à l'immobilité. Il le forçait à tenir la science biblique comme vérité éternelle. Il le forçait à se mettre en travers de tout le mouvement de la pensée moderne. Il a été « dépassé ». Ce fut une « décadence mentale ». L'autorité, même morale, du catholicisme, en a été diminuée. La science détourna progressivement l'humanité du catholicisme. C'est ce qui eut lieu dès le XVe siècle.

A partir de ce moment, trois assauts contre l'ancien pouvoir spirituel : le mouvement protestant, le mouvement philosophique le mouvement révolutionnaire. Le protestantisme, après avoir été plus réactionnaire que le catholicisme lui-même, s'avisa d'opposer à l'immobilité catholique l'idée du libre examen. Quand ils eurent trouvé cela, les proies tans avaient cause gagnée, — et aussi perdue. Ils avaient trouvé l'arrêt de mort de leurs adversaires et aussi le leur. Celui de leurs adversaires : car en face d'une religion enchaînée par elle-même et engagée dans son passé comme un terme dans sa gaine, ils dressaient une religion libre, progressive, capable de tout ce que la libre recherche scientifique lui apporterait. Le leur : car, n'y ayant pas de limite au libre examen, ils créaient une religion illimitée, donc indéfinie, donc indéfinissable, qui ne saurait pas, le jour où le libre examen lui apporterait l'athéisme, si l'athéisme fait partie d'elle-même ou non ; une religion qui ne saurait pas où elle s'arrête et jusqu'où elle va ; une religion destinée à s'évanouir dans le cercle indéfini du philosophisme qu'elle a ouvert. Toute la libre pensée étant impliquée dans le libre examen, toute la libre pensée, tout le philosophisme, toute l'anarchie intellectuelle étaient contenus dans le protestantisme dès qu'il cessait d'être un catholicisme radical.

Ajoutez à cela que, comme entrée de jeu, il supprimait la grande invention chrétienne, la distinction du temporel et du spirituel. Pour lutter contre le catholicisme, il faisait rentrer, sous le pouvoir temporel, d'abord le pouvoir spirituel protestant, ensuite le pouvoir spirituel catholique. Il mettait dans chaque nation protestante l'autorité spirituelle suprême aux mains du souverain civil. Il forçait, dans chaque nation catholique, le clergé catholique à se serrer autour du souverain civil ; et « c'est seulement à cette époque de décadence que commence essentiellement, entre l'influence catholique et le pouvoir royal, cette intime coalition spontanée d'intérêts sociaux... » A partir de ce moment il est presque vrai de dire que, comme il y a des protestantismes, il y a aussi des catholicismes, un par peuple, chose absolument contraire au principe, à l'esprit, et à la salutaire influence du catholicisme, et destructrice de sa constitution, de son organisation et de sa vertu. L'esprit catholique vit encore, ici, là et plus loin ; mais le monde catholique n'existe plus.

C'est alors que, du sein du protestantisme émancipé et hasardeux, d'une part, du sein de l'antiquité renaissante d'autre part, le philosophisme s'élance, se dégage, se développe et se répand. Il est la pensée humaine libre, indisciplinée, sans autorité spirituelle qui la guide, l'éclairé ni la contienne. Il est la pensée individuelle, sans aucun besoin de lien, de communauté, de communion avec d'autres pensées. Il va, sans plan arrêté, ce qui serait contraire à son humeur propre, mais il va cependant du protestantisme orthodoxe au protestantisme libre, du protestantisme libre au déisme, du déisme au naturalisme et du naturalisme à l'athéisme. — Pourquoi cette progression au lieu d'une pure et simple anarchie, et d'un pur et simple chaos, ce qui semblerait naturel, la pensée étant toute libre et tout individuelle ? D'abord à cause d'une progression dans l'audace qui est habituelle à l'esprit de l'enfant, je veux dire à l'esprit humain, quand il s'affranchit après une longue discipline. Ensuite à cause du mouvement scientifique rapide, précipité et mal compris. La science exclut la métaphysique, elle s'en passe et doit s'en passer. Ce n'est pas à dire qu'elle la nie ; elle se refuse seulement le droit d'y entrer. Mais les esprits enivrés de certitude scientifique, de ce que la science ne prouvait pas Dieu, conclurent qu'elle prouvait qu'il n'existait pas. Il serait aussi ridicule à la science de prétendre prouver la non-existence de Dieu que son existence, puisque dans les deux cas ce serait s'occuper de surnaturel, ce qui par définition la dépasse ; mais de l'abstention de la science à cet égard les esprits légers ont conclu à la négation ; et l'athéisme, ou la tendance à l'athéisme, a été le dernier terme du philosophisme pseudo-scientifique.

A un point de vue plus général encore, l'esprit du philosophisme a été essentiellement négateur et négatif. Né d'une « protestation » contre l'ancienne organisation spirituelle, ce qu'il a poursuivi comme instinctivement c'est toute organisation spirituelle, et même sociale, l'organisation sociale étant un effort organisateur de l'esprit, et même morale, la réglementation morale étant le plus grand effort organisateur de l'esprit humain. « L'homme artificiel » de Diderot créé par la civilisation pour remplacer l'homme naturel, et qu'il faut détruire tout entier, c'est la vue la plus nette à la fois et la plus générale, le terme extrême, logique et fatal de tout le mouvement philosophique des trois siècles. « Depuis le simple luthéranisme primitif jusqu'au déisme, sans en excepter ce qu'on nomme l'athéisme systématique qui en constitue la phase extrême, cette philosophie n'a jamais pu être historiquement qu'une protestation croissante et de plus en plus méthodique contre les bases intellectuelles de l'ancien ordre social, ultérieurement étendue, par une suite nécessaire de sa nature absolue, à toute véritable organisation quelconque. » Au fond le mouvement des esprits depuis le XVIe siècle jusqu'à 1789 est une révolte ayant l'individualisme comme tendance, le nihilisme pour terme.

L'esprit révolutionnaire est venu ensuite, qui, lui, est un essai d'organisation. Il a essayé d'organiser quelque chose avec les principes uniquement désorganisateurs que, comme héritier de l'esprit philosophique, il avait entre les mains. De la libre pensée individuelle il a fait le dogme de la liberté, de l'esprit anti-hiérarchique il a fait le dogme de l'égalité, de l'esprit anti-autoritaire il a fait le dogme du suffrage universel.

Tous ces principes sont autant dénégations auxquelles on donne des noms positifs. Rien d'excellent comme la liberté de penser, de chercher, d'écrire, de parler, mais, évidemment, à la condition qu'elle aboutisse, et par conséquent qu'elle cesse. Quand vous vous donnez à vous-même, personnellement, la liberté de chercher ce que vous avez à faire, c'est probablement, non pas pour le chercher toujours, mais pour le trouver ; et, quand vous l'aurez trouvé, pour vous y tenir et vous y lier ; et, donc, pour sortir de l'état de liberté où vous étiez provisoirement mis. La liberté n'est donc qu'un état négatif, nécessaire quelquefois, pour arriver à un état positif où elle cesse et doit cesser. Elle est essentiellement un expédient provisoire. La proclamer comme principe permanent est un non-sens. C'est déclarer qu'on a pour maison l'intention de chercher librement les moyens d'en bâtir une. La liberté est principe de destruction ou principe de recherche ; en faire un principe de *constitution* répugne dans les termes, ne peut pas même être dit dans une langue bien faite.

Il en est tout de même de l'égalité. L'idée d'égalité comme principe destructeur d'une hiérarchie mauvaise est excellente. C'est un sophisme salutaire, comme il y en a dans les temps de lutte. Comme principe organisateur elle ne signifie rien, parce qu'elle est l'expression de quelque chose qui n'existe pas, qui n'existe *jamais*. C'est précisément une des grandes différences entre l'homme et les animaux. Entre les animaux d'une même espèce, il n'existe que des inégalités physiques assez faibles du reste, et quasi aucune inégalité intellectuelle. Il n'y a pas d'animaux de génie, il n'y a pas d'animaux idiots. Ils ont une intelligence commune à l'espèce tout entière. Voilà pourquoi ils peuvent former des républiques égalitaires. Chez l'homme les différences physiques existent, et, incomparablement plus grandes, les différences intellectuelles. On peut même dire que l'espèce humaine est organisée aristocratiquement par la nature même. Elle est pourvue d'intelligence en quelques-uns de ses individus, très rares, et pourvue de l'instinct d'imitation en son ensemble. De cette façon quelques-uns inventent, les autres acceptent l'invention, et la civilisation se fait et se maintient. Cela a été remarqué très bien par Buffon. Le caractère même de l'espèce humaine est donc l'extrême inégalité. L'égalité n'existe pas. Si on la proclame et si on essaye de l'établir, que fait-on ? Rien, ou une autre inégalité. On ne peut pas établir l'égalité ; car on ne fait rien contre la physiologie et on ne décrète pas l'abolition de l'histoire naturelle ; mais on peut renverser l'inégalité, faire dominer ceux qui dominaient hier par ceux qui étaient dominés. Cela n'est pas très heureux ; mais c'est possible ; et en proclamant l'égalité c'est ce qu'on a fait. On a dit : « Personne n'aura plus de pouvoir qu'un autre. » Immédiatement quelqu'un a eu plus de pouvoir qu'un autre, mais ce n'a pas été le même ; c'a été l'être collectif composé des plus nombreux. La foule a pris immédiatement le pouvoir qu'autrefois tenait l'élite, une élite peut-être mal choisie, mal *sélectée*, mais enfin une élite.

Et remarquez qu'ici il ne s'agit pas du pouvoir gouvernemental ; il en sera question plus loin ; mais d'une sorte de pouvoir spirituel. La foule a été investie du droit d'avoir seule raison. Il existe des parias dans l'organisation moderne, ce sont ceux qui pensent par eux-mêmes ; ils sont mal vus d'une foule qui pense collectivement, par préjugés, par passions générales, par vagues intuitions communes. Ils sont suspects comme originaux, comme ne pensant pas ce que tout le monde pense, comme n'acceptant pas les banalités intellectuelles. Ils ne sont ni suivis, ni étudiés au moins, ni guettés avec attention, parce que, par suite du dogme nouveau, le *respect* s'est écarté d'eux, même au sens étymologique, très humble, du mot.

L'imitation persiste, certes : elle est physiologique, elle est éternelle ; seulement elle a changé d'objet ; *la foule s'imite elle-même* ; elle écarte l'esprit original, l'inventeur, comme objet d'imitation. Or l'imitation de l'individu inventeur par la foule imitatrice étant la condition même de la civilisation, il y a risque pour celle-ci ; ou au moins elle va prendre une tournure très nouvelle, imprévue, et dont on ne peut rien prévoir. « Le progrès continu de la civilisation, loin de nous rapprocher d'une égalité chimérique, tend, au contraire, par sa nature, à développer extrêmement les différences intellectuelles entre les hommes... Ce dogme absolu de l'égalité prend donc un caractère essentiellement anarchique et s'élève directement contre l'esprit de son institution primitive, aussitôt que, cessant d'y voir un simple dissolvant transitoire de l'ancien système politique, on le conçoit comme indéfiniment applicable au système nouveau. »

Enfin le suffrage universel est l'expédient d'une société désorganisée et le signe qu'elle l'est. A peu près dans le même temps que Comte écrivait la *Philosophie positive*, Girardin disait : « Le suffrage universel, c'est : « Il faut se compter ou se battre. Il est plus court de se compter. On se bat dans la barbarie. Dans la civilisation on se compte. » Rien de plus juste, rien de plus lumineux, et rien qui montre mieux que le suffrage universel est la barbarie raisonnée, la barbarie exacte, la barbarie mathématique, la barbarie rationnelle, mais la barbarie. En barbarie qui doit commander ? Les plus forts. Qui sont les plus forts ? Les plus nombreux. Ne nous battons pas, comptons-nous ; c'est-à-dire voyons, sans nous battre, qui sont les plus forts. Une société qui a proclamé la liberté et l'égalité, qui a supprimé la hiérarchie ne peut plus connaître qu'une loi, celle de la force, si tant est qu'elle veuille qu'encore pourtant on reste en société. C'est à cette loi qu'elle a recours en donnant l'empire au nombre.

— Au moins ce n'est pas l'anarchie ! — Non, puisque c'est l'expédient pour y échapper ; mais c'est quelque chose qui est tout près de l'être ; parce que ce système, comme tout à l'heure l'égalité, donne un office spécial à quelqu'un qui n'est pas fait naturellement pour le remplir. Il donne la décision au nombre. La foule est très bien faite pour contrôler, pour juger les œuvres faites et les hommes après qu'ils ont agi ; pour décider, non ; comme tout à l'heure elle était reconnue bien faite pour imiter avec intelligence les inventions faites, non pour inventer. Or prendre une décision, c'est inventer, c'est avoir une idée, c'est avoir une initiative. La foule n'est point faite pour cela. Vous lui donnez un office qui n'est pas dans sa vocation. Qu'arrivera-t-il ? C'est qu'elle ne l'exercera pas ! — Eh bien ! tant mieux. C'est ce que vous voulez. — Non pas ! De par sa nature elle ne l'exercera pas, et de par le droit que vous lui donnez, et dont elle sera fière, elle ne voudra pas que d'autres l'exercent. Elle ne sera pas une supériorité et sera jalouse des supériorités. Elle ne gouvernera pas ; est-ce qu'elle le peut ? et elle ne choisira jamais ceux qui sont faits pour gouverner. Elle « condamnera éternellement tous les supérieurs à une arbitraire dépendance envers la multitude de leurs inférieurs, par une sorte de transport aux peuples du droit divin tant reproché aux rois. » Ce système a plongé la foule dans une espèce d'étourdissement : « Quels doivent être les profonds ravages de cette maladie sociale en un temps où tous les individus, quelle que puisse être leur intelligence et malgré l'absence totale de préparation convenable, sont indistinctement provoqués par les plus énergiques sollicitations à trancher journellement les questions politiques les plus fondamentales ? »

Cet étourdissement aboutit dans la pratique à cette manière d'apathie jalousé qui fait que la foule ne gouverne pas, qu'elle n'aime pas qu'on gouverne, et qu'en définitive il n'y a pas de gouvernement. C'est une sorte d'anarchie, indolente, — d'anarchie indolente, très proche du reste de l'anarchie aiguë ; car la foule ne gouvernant pas, ceux qui sont aptes à gouverner ne gouvernant pas non plus, il est très facile à une minorité, et à une minorité qui n'a pour elle ni la force du nombre ni celle des lumières, de mettre en échec cette société invertébrée et amorphe ; et par suite, dans cet état plus que dans un autre, il est besoin, périodiquement, d'un gouvernement fort qui rétablisse l'ordre. Ce gouvernement la foule, dans le besoin, le prend un peu au hasard, selon les circonstances ; et en définitive une anarchie indolente, réveillée de temps en temps par des anarchies aiguës, que réprime une crise de despotisme, c'est l'histoire normale des démocraties. — De toutes ces anarchies tant intellectuelles et morales que sociales, il faudrait enfin sortir.

III

On n'en sortira que par l'organisation d'un nouveau pouvoir spirituel. C'est le catholicisme qui avait raison. Il n'était pas la vérité comme conception générale du monde ; il l'était comme conception du gouvernement des hommes. Il a inventé le seul moyen de sauver la liberté sans glisser vers l'anarchie. La séparation du pouvoir temporel et du pouvoir spirituel c'est le fondement même de la liberté vraie, et l'antidote de l'esprit anarchique en même temps. Les libéraux veulent que tout ce qui est intellectuel dans l'homme, pensée, doctrine, croyance, théorie, religion, conscience, soit soustrait à l'État, et c'est, pour eux, la liberté. Ils ont raison de soustraire à l'État toute cette partie intellectuelle de l'homme ; et c'est précisément ce que fait la séparation du spirituel et du temporel. Mais ils ajoutent : «... soustrait à l'État, *et tenu pour propriété sacrée de l'individu.*» C'est ici qu'ils tendent à un individualisme stérile qui a pour terme l'anarchie ; et c'est ici que nous intervenons pour dire : « Organisons, au contraire, en un pouvoir constitué, tout cet élément intellectuel de l'humanité pour le soustraire à l'État, et pour en faire quelque chose de constitué, de solide et de fécond. »

Au fond, le pouvoir spirituel c'est un état, lui aussi. L'état civil c'est ce que les citoyens mettent en commun de forces matérielles pour faire de la nation un corps organisé ; le pouvoir spirituel c'est ce que les intelligences mettent en commun de forces intellectuelles pour en faire un organisme durable, fécond et progressif ; c'est un état spirituel. Il a existé, il a sauvé le patrimoine intellectuel de l'humanité ; il a empêché l'humanité de retourner à la bestialité pure ; il a sauvé la liberté intellectuelle ; il faut le restaurer. Il faut reprendre l'œuvre du catholicisme, en abandonnant ses théories ; il faut ressaisir son esprit de gouvernement pour organiser un pouvoir spirituel semblable au sien ; il faut concentrer l'effort scientifique de l'humanité moderne, comme il concentrait l'effort théologique, métaphysique, moral, littéraire et déjà scientifique de l'humanité ancienne.

Remarquez que ce pouvoir spirituel séparé du pouvoir civil a été un progrès sur l'antiquité ; donc il ne peut pas disparaître ; aucun progrès ne disparaît ; tout progrès est acquis et subsiste ; il se transforme, mais il ne tombe pas. — Remarquez de plus que ce progrès n'a pas fourni son évolution naturelle. Le catholicisme a eu dix siècles de formation, deux siècles de prépondérance, de Grégoire VII à Boniface VIII, cinq siècles de décomposition et d' « agonie chronique ». C'est un signe que « ce qui devait périr ainsi dans le catholicisme, c'était la doctrine, *et non l'organisation*, qui n'a été passagèrement ruinée que par suite de son adhérence à la philosophie théologique... » — C'est cette organisation qu'il faut rétablir.

Remarquez enfin que ce pouvoir spirituel ne périt jamais ; seulement il y a des époques anarchiques où il est exercé par n'importe qui. Il l'est de nos jours par des littérateurs, des romanciers, des avocats, des journalistes. Il devrait l'être par des gens sachant quelque chose. Organisons le pouvoir spirituel de la science. Il y a une « papauté de l'avenir ». Ce sera une papauté scientifique.

Cette idée n'est pas au terme des méditations d'Auguste Comte ; elle est au commencement, au milieu et à la fin. Elle est en 1825 dans les articles du *Producteur* sur « *l'organisation du pouvoir spirituel* » ; elle est l'objet où tend le *Cours de philosophie positive* tout entier. Le réaliser est ce qu'essaye la *Politique positive*. Il n'y a aucune contradiction ni même aucun changement véritable dans la pensée de Comte de 1820 à 1857. On a, depuis longtemps, abandonné l'idée d'opposer la *Politique positive* à la *Philosophie positive*. Celle-là est le développement naturel de celle-ci. Dans la *Politique positive* l'organisation du pouvoir spirituel se transforme simplement en une religion. Mais quelle religion ? Religion non théologique, religion non métaphysique. Comte avait posé en principe que la morale consistait à s'écarter progressivement de l'animalité, de l'état d'enfance, de l'individualisme. Il en vient naturellement à une morale sociale qui considère l'individu comme, en vérité, n'existant pas, et l'espèce comme existant seule. Confondre ses intérêts avec ceux de l'espèce, vivre en elle et en elle seule, ne considérer que son progrès, se considérer comme une cellule seulement de ce grand corps, voilà la morale. Mais l'espèce ne doit pas être considérée seulement au temps où nous sommes ; mais dans son ensemble depuis qu'elle existe ; c'est donc à l'humanité tout entière, depuis son commencement jusqu'à son avenir le plus éloigné, que nous nous donnons corps et âme. De là le « culte de l'humanité ». L'humanité est le dieu que nous devons adorer. A elle toutes nos pensées et en considération d'elle tous nos actes.

Voilà la *religion* de Comte dégagée de l'appareil liturgique dont son imagination s'est plu à la surcharger assez ridiculement. Car Comte est un curieux exemple à l'appui de sa théorie sur la survivance des anciens *états* à travers les nouveaux : il a l'esprit scientifique ; de la période métaphysique il garde le goût des abstractions et des subtilités ; et de la période théologique il garde l'esprit sacerdotal. Mais, dépouillée de certaines rêveries et surtout de certains arrangements ecclésiastiques, sa nouvelle religion se réduit à ceci : adorer l'humanité. Elle est une simple extension de sa morale. L'anti-anarchisme devait aller tout naturellement jusqu'à l'anti-individualisme, et l'anti-individualisme jusqu'à faire toute une morale de l'absorption de l'individu dans la communauté, et cette morale jusqu'à devenir une religion de la grande communauté humaine, un culte extatique de l'humanité.

C'est là que Comte s'est arrêté comme au terme naturel, très facile à prévoir, très attendu, ou qui devait l'être, de son évolution intellectuelle. Cette religion c'est au pouvoir spirituel de l'avenir, à la « papauté future » qu'elle devait être confiée. Elle devait embrasser, comme toutes les religions passées, la doctrine religieuse elle-même, la morale, la sociologie qui se confond désormais avec la morale puisque la morale se confond avec elle, la science, et la propagation de la science, c'est-à-dire l'éducation.

Comment ce pouvoir spirituel se fondera-t-il ? Comme tous les pouvoirs spirituels se sont fondés, sans aucune participation de l'État civil, en dehors de lui, et sans la moindre hostilité contre lui ; cependant, il faut s'y attendre, contre son gré. L'État, depuis l'antiquité, a toujours une tendance, très naturelle, et même honorable, quoique illégitime, à absorber le pouvoir spirituel s'il existe, à se transformer en un pouvoir spirituel, s'il n'en existe pas. C'est donc à l'initiative individuelle qu'il faut s'adresser pour constituer le pouvoir spirituel nouveau. C'est précisément l'individualisme qu'il faut solliciter à mettre son énergie à se détruire, en lui persuadant que ce qu'il a de meilleur en lui revivra plus fort dans la collectivité où il saura s'absorber, et que des forces individualistes le nouveau pouvoir spirituel sera à la fois l'épuration et l'exaltation, n'utilisant pas celles qui sont factices ou éphémères et les laissant périr, renforçant, multipliant, éternisant celles qui sont destinées à durer.

Une grande association, internationale, comme le fut le catholicisme, acceptant les principes de la religion positive et s'engageant à les propager, trouvant plus tard son organisation et le détail de son administration, réunissant tous les hommes qui auront renoncé à tout esprit métaphysique et théologique, et propageant la science et la philosophie scientifique, voilà les bases du pouvoir spirituel de l'avenir. La civilisation est attachée à ce qu'il naisse et se développe. Il ne se peut pas, du reste, qu'il ne naisse point. S'il en était ainsi il y aurait une rupture entre le présent et le passé, ce qui ne s'est jamais vu, ce qui est contraire aux lois naturelles, qui sont celles de l'humanité comme de la nature entière. Alors l'état anarchique sera conjuré. « Tant que les intelligences individuelles n'auront pas adhéré par un sentiment unanime à un certain nombre d'idées générales capables de former une doctrine sociale commune, on ne peut se dissimuler que l'état des nations restera essentiellement révolutionnaire, malgré tous les palliatifs politiques qui pourront être adoptés et ne comportera que des institutions provisoires. Il est également certain que si cette réunion des esprits dans une même communion de principes peut être une fois obtenue, les institutions convenables en découleront nécessairement, sans donner lieu à aucune secousse grave, le plus grand désordre étant déjà dissipé par ce seul fait. »

IV

Tel est ce grand système, un des mieux liés, un des plus forts, et aussi un des mieux appuyés sur des observations justes, que non seulement les temps modernes, mais l'humanité entière ait vus naître. La grande observation qui en fait la base consiste à avoir bien vu ce penchant vraiment nouveau et en même temps persistant de l'esprit humain à attacher à la science la foi qu'il attachait autrefois au mystère. C'est un « proverbe des gens d'esprit » que de dire : « L'homme ne croit qu'à ce qu'il ne comprend pas. » Il reste juste ; mais il est moins juste qu'autrefois. Se rendra bien compte de ce changement et en chercher toutes les causes et en prévoir tous les résultats, c'est ce qu'a voulu Auguste Comte. Il en a tiré sa loi des « trois états », c'est-à-dire toute une philosophie de l'histoire. Cette philosophie de l'histoire est merveilleuse d'ordonnance, de netteté, de vraisemblance même, et toute pleine d'idées de détail qui sont des fêtes pour l'esprit. Elle reste contestable en son ensemble. D'abord elle encourt le reproche adressé à un des maîtres de Comte, c'est-à-dire à Bossuet. Elle laisse de côté la moitié ou les deux tiers du monde. Comte ne s'occupe ni des Indiens, ni des Chinois, ni des Mahométans, il ne s'occupe, de son aveu même, que « *de la majeure partie de la race blanche*, en se bornant même, *pour plus de précision*, surtout dans les temps modernes, aux peuples de l'Europe occidentale. » Pourquoi ? Je crains que l'explication ne soit amusante. Parce que « nous ne devons comprendre, parmi les matériaux historiques de cette première coordination philosophique du passé humain que des phénomènes sociaux ayant évidemment exercé une influence réelle sur l'enchaînement graduel des phases successives qui ont effectivement amené l'état présent des nations les plus avancées. » En d'autres termes, Comte ne tient compte pour établir sa loi historique que de ce qui ne la contrarie pas. Il l'avoue avec la naïveté assez ordinaire aux grands génies : « Ce puéril et inopportun étalage d'une érudition stérile et mal digérée qui tend aujourd'hui *à entraver l'étude de notre évolution sociale* par le vicieux mélange de l'histoire des populations qui, telles que celles de l'Inde, de la Chine, etc., n'ont pu exercer sur notre passé aucune véritable influence, devra être hautement signalé comme une source inextricable de confusion radicale dans la recherche des lois réelles de la sociabilité humaine, dont la marche fondamentale et toutes les modifications diverses devraient être ainsi simultanément considérées, *ce qui, à mon gré, rendrait le problème essentiellement insoluble.* » Ainsi le problème est insoluble si l'on en prend toutes les données ; mais nous n'allons en prendre que les données favorables à la solution que nous en voulons, et vous verrez comme il se résoudra bien. On pourrait fermer un ouvrage dont la partie essentielle débute par ce *postulatum*.

J'irai plus loin. Eût-il tenu compte de tout ce que nous savons de l'histoire de l'humanité, c'est évidemment si peu de chose, et ce que nous en ignorons dépasse d'une façon si formidable ce que nous en savons, qu'il n'aurait pas été admis, en bonne méthode scientifique, à on tirer une loi générale. L'humanité a été fétichiste, polythéiste, monothéiste, elle est encore fétichiste, polythéiste et monothéiste selon les endroits ; voilà tout ce que nous en savons. L'ordre et la succession de ces états d'esprit nous est parfaitement inconnu. Nous tirons de l'existence de ces états d'esprit cette conclusion que l'homme est un animal mystique jusqu'à nouvel ordre ; voilà tout ce que nous pouvons en déduire. N'allons pas plus loin, et si cela ne nous donne pas une loi de l'évolution humaine, tant pis pour nous. Il est essentiel de savoir se résigner.

Une partie de son système historique, qui marque bien ce crue tout son système a d'hypothétique et de factice, c'est ce qui concerne le prétendu état métaphysique. Il a besoin comme transition entre l'état théologique et l'état scientifique d'un état métaphysique où l'humanité a vécu d'abstractions. Cet état il le fait de très courte durée. Je ne vois pas qu'il aille à plus de trois siècles, du XVIe au XIXe. Voilà un des trois grands états de l'humanité, un état qui dure trois cents ans ; le premier ayant duré vingt mille ans, et le troisième devant durer toujours ! L'histoire naturelle humaine est bien différente de l'histoire naturelle proprement dite ! Et notez que durant cet état, l'état théologique durait encore, ce que reconnaît Comte, mais de plus avait encore pour lui les dix-neuf vingtièmes et très probablement les neuf cents quatre-vingt-dix-neuf millièmes de l'humanité. N'en faudrait-il pas conclure qu'il y a eu des métaphysiciens dans tous les temps ; et qu'il n'y a pas eu de période métaphysique ? Et voilà tout le système qui s'écroule.

En réalité il ne tient aucunement, il n'est qu'une hypothèse brillante, assez inutile, du reste, et dont Comte pouvait très bien se passer. Il pouvait envisager l'humanité, d'ensemble, comme partagée, très inégalement, entre l'esprit théologique, l'esprit métaphysique et l'esprit scientifique, et s'efforcer de prouver qu'il y en avait deux de trop.

Quant à cette élimination même de l'esprit théologique et de l'esprit métaphysique, Comte la fait avec sûreté, avec suite et avec une vigueur de dialectique très remarquable. Il faut cependant faire une distinction. Comte est sensiblement exempt d'esprit théologique, et j'ai fait remarquer que quand il a transformé sa morale en une religion, même de cette religion toute idée vraiment théologique est absente ; mais il n'est pas exempt, pas du tout, d'esprit métaphysique. Il reproche aux métaphysiciens leurs entités ; il a les siennes. Dans les mêmes pages où il raille les politiques encore imbus d'esprit métaphysique d'expliquer les phénomènes sociaux par « la grande entité générale de la *nature* », il énonce sa prétention de les expliquer par « les lois naturelles » de la sociologie, il montre ces « lois naturelles » agissant sur les hommes et les pliant à leur empire et les faisant passer d'un « état » à un autre ; et vraiment il me semble bien voir là des abstractions personnifiées, nouvelles divinités qui gouvernent le monde et qui sont écloses du cerveau de notre penseur. En effet Comte n'a jamais démontré pourquoi les hommes ont passé d'un état à un autre état, par quelles *modifications propres*, intimes, intrinsèques, de leur être, et il semble, dès lors, que ces lois de leur évolution s'imposent à eux du dehors, les poussent et les forcent d'en haut, et nous voilà en pleine conception métaphysique ; il semble que l'homme ait passé par ces phases successives pour satisfaire le dessein de je ne sais quelle providence. Très souvent le cours de philosophie positive fait l'effet d'un *Discours sur l'histoire universelle* sans Dieu ; l'on y voit les hommes menés, et menés avec une suite et une rigueur inflexibles, sans qu'on sache par qui ; mais ils le sont, ils rentrent dans un dessein qu'ils n'ont pas conçu, qu'ils n'ont aucune raison de suivre et qu'ils suivent. Il y a là une sorte de fatalité des lois de l'évolution. Cette fatalité est bien une entité métaphysique. On peut l'écrire avec une majuscule.

De même il reproche aux métaphysiciens leurs finalités, et il a la sienne : c'est le progrès. Il croit que les lois de l'évolution ont un but, et ce but il le connaît : c'est le progrès, non pas indéfini, il n'y croit pas, mais le progrès se prolongeant d'une façon qui le fait paraître à nos yeux comme devant être indéfini. Voilà la grande cause finale de la nature, et Comte raisonne sans cesse en en tenant compte, quoiqu'il ait dit qu'il ne faut jamais raisonner par cause finale ; et non seulement il en tient compte, mais c'est le fond même de tous ses raisonnements. Le progrès devait exister et c'est pour cela que l'homme a passé par le fétichisme, le polythéisme, etc. ; il doit continuer, et c'est pour cela que la séparation du temporel et du spirituel ayant été une fois trouvée ne peut pas se perdre, etc. Nous raisonnons ici par cause finale autant qu'il est possible de raisonner par cause finale.

Je sais bien que Comte est penseur trop pénétrant pour être dupe du mot progrès à la façon des auteurs de manuels pour instruction civique. Il sait que l'idée de progrès est extrêmement récente ; qu'elle date du XVIIIe siècle, ou tout au plus de la « querelle des anciens et des modernes » ; que l'antiquité ne l'a jamais eue, et a eu plutôt l'idée contraire ; d'autre part, il ne croit pas du tout au progrès indéfini ; il a même une page très spirituelle sur cette chimère de l'indéfini appliqué aux choses humaines : il est constant que l'homme civilisé mange moins que le barbare, et de moins en moins ; il est peu vraisemblable pourtant qu'il arrive à ne pas manger du tout ; ainsi du reste. Il écarte même quelquefois les mois de *progrès* et de *perfectionnement* comme n'étant pas scientifiques, et les remplace par le mot *développement* ; mais encore le mot développement comporte une certaine idée, sinon d'accroissement, du moins d'extension régulière, de déploiement normal et heureux d'une force jusque-là enveloppée et comprimée, qui est bien analogue à ce qu'on entend généralement par progrès. — Or cela même n'est pas scientifique. Tout ce que nous savons en contemplant l'humanité dans sa carrière, c'est qu'elle change, c'est que les choses ne sont pas toujours la même chose. Nous ne savons exactement rien de plus. La loi de l'humanité c'est le changement : voilà une loi qu'on peut accepter ;

changement pour le mieux, nous n'en savons rien, pour le plus compliqué même, ou pour le plus simple, nous n'en savons rien. Eloignement de l'animalité ; il est probable ; mais éloignement progressif et sans retour possible, nous n'en savons rien. Que l'homme ait été un animal et ait su s'arracher à l'animalité, il est vraisemblable ; qu'il continue et soit destiné à continuer à s'en éloigner de plus en plus, nous n'en savons rien ; car le progrès n'étant pas indéfini, comme Comte le reconnaît, il est possible que ce que l'homme peut en réalité, soit atteint ; et depuis longtemps ; et qu'à partir du moment où l'homme s'est séparé nettement de l'animalité il n'ait fait que tourner dans un cercle ou osciller comme un pendule, changeant toujours, c'est sa loi, mais sans avancer. Or c'est bien sur l'idée qu'il avance et continuera longtemps, sinon indéfiniment, d'avancer, que Comte fonde tout son système. Il repose sur une hypothèse, et sur une hypothèse, non pas plus hypothétique que celle du progrès indéfini, mais plus fragile encore : il repose sur cette hypothèse que l'homme, ayant progressé au commencement, doit progresser jusqu'à une certaine date, et *que cette date n'est pas atteinte*. Oh ! qu'en savez-vous ? Qui vous a mis dans le secret de cette chronologie ?

Mais le grand point, le nœud du système, c'est le *pont jeté* entre les sciences naturelles et les sciences morales. Ici l'*instinct de la vraie question* est merveilleux, l'effort admirable, et les intentions excellentes. La vraie question de l'humanité est bien là en effet. Quelle est la loi de nos actions et où devons-nous la prendre ? En nous ? Hors de nous ? En nous elle est indistincte, quoi qu'on en ait dit. La conscience est vacillante et obscure. Notre âme est trop complexe pour que nous distinguions très facilement quelle est celle de ses mille voix que nous devons écouter. Il y faut toute une science, très difficile. Les hommes ont toujours désiré trouver hors d'eux la loi d'eux-mêmes. Ils l'ont demandée au monde. Le monde leur a très bien répondu. Gouverné par des dieux ou un Dieu assez justes, assez bons et assez charitables, il leur a répondu qu'il fallait être bons et justes, et une morale théologique plus ou moins élevée a été fondée. Mais ce monde, qui répondait ainsi, était très probablement un monde factice.

C'était un monde que l'homme avait imaginé sur le modèle de lui-même ; qu'il avait créé, à qui il avait donné pour âmes ou pour âme, des êtres ou un être semblables à lui, un peu meilleurs que lui. Ce que l'homme écoutait donc c'était lui-même projeté par lui-même au bout du monde, et des extrémités de l'univers c'était la voix de lui-même, un peu meilleur, qui lui revenait. Si aucun divorce n'existait entre l'homme et la nature, c'est que l'homme voyait la nature comme gouvernée par un être qui n'était qu'un homme perfectionné. Au fond, c'était à lui-même qu'il obéissait, mais à lui agrandi, épuré et *cru autre*, ce qui était nécessaire pour qu'il obéît. Mais quand les hommes, — à quelque époque du reste que, plus ou moins nombreux, ils s'en soient avisés, — ont vu, ou cru voir, que le monde était immoral, qu'il n'avait aucun sentiment de justice ou de bonté, qu'ils étaient les seuls êtres moraux de l'univers, ils ont été épouvantés. Ils se sont vus seuls, et ils se sont vus mystérieux. Ils se sont écriés : « Quelles chimères sommes-nous ? Quels monstres ? Quels êtres incompréhensibles ? » Et alors le trouble a été très grand dans l'humanité. Les uns ont osé dire : « Eh bien ! soyons comme le reste de la nature. C'est elle qui doit avoir raison. Soyons naturels. Détruisons en nous l'être artificiel que quelques trompeurs sans doute ont fabriqué. Ne prétendons pas valoir mieux que le reste de l'univers. » D'autres ont dit : « Eh bien ! soit ! La nature entière a sa loi qui est méprisable, et nous avons la nôtre. Pourquoi non ? Suivons la nôtre avec d'autant plus d'énergie que le monde semble nous railler de la suivre ; nous nous montrerons supérieurs à lui, et voilà tout. » Et la rupture entre les lois naturelles et les lois de l'homme a été consommée.

Enfin vient le positiviste qui dit : « Ce n'est pourtant pas possible. Il ne peut y avoir de contrariété si absolue entre une bestiole et tout l'univers. Il doit y avoir un moyen de rattacher la loi de l'homme aux lois générales. » Et il tente sa conciliation et sa réconciliation de la morale avec la physiologie.

S'il y réussissait, l'accord ancien, l'harmonie du monde aux yeux de l'homme serait rétablie. L'homme n'apercevait pas de rupture entre lui et le monde parce qu'il voyait le monde semblable à lui ; de nouveau il n'en apercevrait pas, parce qu'il se verrait semblable au monde. Comte a très bien dit qu'il y avait synthèse des sciences morales et des sciences naturelles dans l'esprit théologique, séparation des unes d'avec les autres dans l'esprit métaphysique, synthèse nouvelle des unes et des autres dans l'esprit positiviste. Mais le positiviste réussit peu dans cette conciliation, et il y réussira peut-être de moins en moins. Plus les sciences morales et les sciences naturelles seront poussées avant, plus sans doute leur divorce s'accusera. Ce n'est point des différences qu'elles aperçoivent entre elles, c'est une contrariété.

Plus la nature est connue, plus elle fait horreur à l'homme ; plus il la connaît, plus il est indigné de cette chose éternelle et énorme qui n'a pas de but, qui n'a pas de moralité, qui même est cruelle, sorte de monstre aveugle et féroce, en tout cas, être, si c'est un être, aussi contraire que possible à tout ce que l'homme sent de bon en lui. Ce n'est pas à elle qu'il peut se résigner à demander des leçons de morale. Il lui ressemble trop peu pour n'avoir pas peur de lui ressembler. Il ne peut pas y avoir de morale naturelle, parce que la nature est immorale.

— Mais il peut y avoir une morale sociale, et fondée uniquement sur la socialité. — Nous voilà au point précis, en effet. Mais remarquez d'abord que vous abandonnez déjà votre ferme connexion entre les sciences naturelles et les sciences de l'homme. La morale science sociale, c'est la morale science humaine. Si c'est dans l'instinct social de l'humanité que je dois puiser la loi de mes actes, ce n'est plus dans la nature que je la puise. Ce n'est pas dans le *moi*, sans doute, mais c'est dans l'homme. Une morale sociale consiste à se représenter les hommes au milieu de la nature comme ayant leur loi à eux qu'ils n'empruntent qu'à eux : le divorce entre l'homme et la nature n'est plus supprimé, il est rétabli. Votre adversaire a cause gagnée.

De plus, la morale fondée sur l'instinct social est bonne, sans doute, parce que la morale dès qu'elle redevient humaine redevient bonne, mais combien incomplète ! La socialité est meilleure maîtresse de moralité que le naturalisme, mais non pas excellente ; la société est moins immorale que la nature, mais elle n'est pas d'une moralité très haute. Ce n'est pas à considérer les hommes, à les étudier, qu'on apprend à être d'une très pure vertu. N'a-t-on pas remarqué que la vie de société affine l'esprit et corrompt le cœur ? Sans aller jusqu'aux paradoxes de Rousseau, dont, quoique solitaire et cénobite vous-même, vous êtes l'antipode exact, n'est-il pas vrai que les hommes sont faits pour vivre en société à condition de n'y pas trop vivre ? La socialité inspire des sentiments fort moraux à la condition presque de s'y soustraire. Est dévoué à la société celui qui a l'instinct social très prononcé et qui ne se mêle pas à la société, qui la sert de loin, l'aimant moins elle-même que l'idée abstraite qu'il s'en fait, et qu'il n'en garde qu'à la condition de la fréquenter peu. Cela ne laisse pas d'être significatif.

Généralisons. Considérons l'humanité en tout son ensemble, dans le présent et le passé. L'histoire est immorale, moins immorale que la nature, mais immorale. Moins que la nature, mais assez net encore, elle montre le triomphe de la force, de la ruse, de la violence, etc. Comme la fréquentation de la société, la contemplation de l'humanité est peu édifiante. Ici encore on est dévoué à l'humanité à la condition de la connaître d'une façon un peu idéale et philosophique, comme vous, par exemple, la connaissez. Encore une fois on peut trouver là une morale, mais il faut y mettre je ne sais quelle bonne volonté. Il semble que l'homme qui ne serait pas doué d'un instinct moral par lui-même, qui n'aurait que l'instinct social, et qui fréquenterait les hommes et qui lirait l'histoire, serait un bon citoyen, soumis aux lois, non révolutionnaire, ce qui pour vous est la moitié de la vertu, bref un fort honnête homme ; mais dévoué aux hommes, charitable, généreux, capable de sacrifice, non ; ou l'on ne voit pas trop pourquoi il le serait. Dieu permette que tous les hommes arrivent seulement au niveau moral que la morale de Comte établit ! mais encore ce n'est pas un niveau bien élevé.

On le voit bien quand Auguste Comte transforme la morale en religion. Cette religion de l'humanité est un retour inconscient à l'esprit théologique, ou, comme dit Comte, à l'état théologique. Elle ne contient pas un mot de théologie, sans doute, je l'ai dit ; mais elle procède comme l'homme procède en « état théologique », en procédant moins bien. Il faut adorer l'humanité. Cela veut dire que le plus grand danger pour chaque homme étant de s'adorer soi-même, il faut qu'il adore un grand être permanent, éternel, producteur de moralité, semblable à chaque homme, mais meilleur que lui, et qui peut être pour chaque homme un bon modèle. Un être permanent, éternel, producteur de moralité, semblable à l'homme et meilleur que lui, et modèle à imiter pour l'homme, c'est précisément ce que l'homme adore dans l'état théologique. Comme c'est lui qui fait son Dieu, et comme il le fait à son image, c'est l'humanité divinisée qu'il adore ; c'est l'humanité épurée, subtilisée, purgée de tout ce qu'elle a de mauvais, centuplée en tout ce qu'elle a de bon ; mais ce n'est pas autre chose que l'humanité. — Seulement c'est l'humanité adorée indirectement ; et voilà la supériorité de la religion théologique sur la religion humanitaire. C'est l'humanité adorée sans que l'on croie que ce soit elle qu'on adore. De tout ce qu'il y a de bon dans l'humanité on a fait un être extérieur à elle, détaché d'elle, bien autrement imposant, bien autrement séduisant aussi, auquel on s'attache de cœur, d'âme, avec passion, toutes choses que l'on ne fait pas si facilement à l'égard de l'humanité directement considérée, en songeant à la masse d'éléments parfaitement indignes d'adoration qu'elle a contenus. — Et ce Dieu nous commande d'aimer les hommes ; et nous les aimons à cause de lui, nous les aimons en lui, ce qui est plus facile que de les aimer directement. — L'homme dans l'état théologique fait donc exactement coque fait Comte ; mais il le fait d'une manière plus complète, plus puissante, avec une force d'abstraction plus grande, et de façon à ce que cela serve à quelque chose. D'instinct ou d'adresse, pour aimer l'humanité, il l'a transformée en un être adorable qui n'est pas l'humanité et qui lui commande d'aimer l'humanité. Avec ce détour on ne l'aime déjà pas assez ; sans ce détour il n'est pas probable qu'on l'aime guère. La religion de Comte n'aura jamais-beaucoup de dévots.

Quant au pouvoir spirituel destiné à propager cette religion et cette morale, Comte savait trop bien et a trop bien montré combien est fort l'individualisme moderne pour avoir grande confiance dans l'établissement d'une pareille force spirituelle collective. Est-il même à désirer qu'elle s'établisse, nous l'examinerons une autre fois ; mais ce qu'aujourd'hui nous ferons remarquer c'est que la philosophie positive, particulièrement, n'était pas apte à la fonder. Ce qui a toujours groupé les hommes, c'est leurs passions, bonnes ou mauvaises. La philosophie positive, froide comme la science, peut éclairer les hommes, les instruire et même les améliorer ; elle ne les groupera guère. Elle n'inspire pas l'exaltation, l'enthousiasme, qui fondent les églises. On m'objectera le stoïcisme, et c'est précisément au stoïcisme que je songe pour m'appuyer. Le stoïcisme a fait office de religion pendant quelque temps. Mais s'il a été si vite et si complètement, soit balayé, soit absorbé par le christianisme, c'est qu'il n'avait pas ces vertus excitantes dont je parlais ; et s'il n'a jamais été qu'une religion aristocratique, tandis que le christianisme a été si vite une religion populaire, c'est pour les mêmes causes.

Ce n'est pas à dire que l'influence de Comte n'ait pas été très grande. Elle a été immense. Adopté presque entièrement par Stuart Mill ; s'imposant, quoi qu'il en ait dit, à Spencer, ou, comme il arrive, coïncidant avec lui et s'engrenant à lui d'une manière singulièrement précise ; dominant d'une façon presque tyrannique la pensée de Renan en ses premières démarches, comme on le voit par l'*Avenir de la science* ; inspirant jusque dans ses détails l'enquête philosophique, historique et littéraire de Taine ; se combinant avec l'évolutionnisme, qui peut être considéré comme n'en étant qu'une transformation, — son système a rempli toute la seconde moitié du XIXe siècle, et on l'y rencontre ou tout pur, ou à peine agrandi, ou légèrement redressé, ou un peu altéré, à chaque pas que l'on fait dans le domaine de la pensée moderne. Il a rendu d'éclatants services à l'esprit humain. Personne n'a mieux tracé les limites respectives de la science, de la philosophie, de la religion et marqué le point où l'une doit s'arrêter, où l'autre commence, le point aussi où l'une, sans s'en douter, prend l'esprit et la méthode de l'autre, avec péril de tout brouiller et de tout confondre. Ces délimitations sont nécessaires et tout le monde y gagne ou doit savoir y gagner. Personne n'a mieux défini les trois tendances essentielles de l'esprit humain, qu'il prend, sans doute à tort, pour des époques, mais qui, sans doute éternelles, doivent être exactement définies pour que l'esprit voie clair en lui-même. Sa pénétration, son intelligence, à force de tout comprendre, l'a conduit à tout aimer, sauf ce qui est décidément trop étroit, trop négatif, trop exclusivement polémique, et un esprit de haute impartialité règne dans toute son œuvre. Il a eu dans l'avenir de la science, dans sa prépondérance finale, dans son aptitude à suffire à l'esprit humain et à gouverner exclusivement l'humanité une confiance peut-être trop grande, et le positivisme n'a pas paru capable de tout ce qu'il mettait en lui, ni de satisfaire complètement l'esprit humain. Il répondrait que c'est affaire de temps et que les résidus théologiques et métaphysiques, pour n'être pas encore brûlés, ne sont pas moins destinés à l'être un jour. Sans en être aussi sûr que lui, on peut répondre que c'est beaucoup d'avoir, d'un des éléments essentiels de notre connaissance, donné une définition précise et une description systématique admirablement claire, logique et ordonnée, d'en avoir tracé et subdivisé le domaine et fermement marqué les limites. C'est quelque chose surtout que de faire penser, et Auguste Comte est merveilleux pour cela : c'est le semeur d'idées et l'excitateur intellectuel le plus puissant qui ait été en notre siècle, le plus grand penseur, à mon avis, que la France ait eu depuis Descartes. Comme ayant cru que l'intelligence, et l'intelligence seule, doit être reine du monde, et comme ayant lui-même été une intelligence souveraine, il ne peut, il ne doit avoir décidément contre lui que les anti-intellectualistes. Il l'a prévu ; il n'en serait pas mécontent ; et ce n'est pas un mauvais signe.

Chapitre III
La vie et l'œuvre d'Auguste Comte[3].

I

Au sortir de l'Ecole polytechnique, Auguste Comte, qui se trouve, à dix-huit ans, sans emploi, seul à Paris, songe à émigrer en Amérique. Tout en donnant, pour vivre, des leçons de mathématiques, et en collaborant de loin en loin à quelques journaux, il étudie avec passion les sciences et la politique. Ce jeune homme, prompt à l'enthousiasme, semblait destiné, comme tant d'autres parmi ses camarades, à s'éprendre de quelque utopie sociale, et à en poursuivre énergiquement la réalisation. Bientôt il rencontre Saint-Simon, et il se donne à lui de toute son âme. Pendant quatre ans, il travaille avec lui et se nourrit de ses idées. Pourtant, à partir de 1822, il se détache de ce maître tant admiré, et en 1824 la rupture est complète et définitive. Il y avait entre les deux esprits une incompatibilité radicale. Saint-Simon, merveilleusement inventif et original, jette en foule des idées et des vues nouvelles, dont beaucoup seront fécondes. Mais il affirme vite, et prouve peu. Il n'a pas la patience de s'arrêter longtemps à un sujet, ni de le traiter avec ordre et méthode. Comte, de son côté, pense, comme

---

[3] Par Lucien Lévy-Bruhl (1857 – 1939), dans *Le centenaire d'Auguste Comte*.

Descartes, que la méthode est essentielle à la science, et que la « cohérence logique » est le signe le plus sûr de la vérité. Il ne pouvait donc se satisfaire longtemps des essais décousus de Saint-Simon. Celui-ci lui avait révélé sa vocation, et l'avait « lancé », comme il dit lui-même, dans la voie qui lui convenait le mieux. Mais, une fois en route, Comte marche d'un autre pas que son maître. Il a pu même, sans mauvaise foi, tirer parti des intuitions lumineuses, mais désordonnées, qui abondent chez Saint-Simon, persuadé que sa doctrine seule leur donnait une valeur scientifique, parce que là seulement elles étaient systématisées et reliées à leurs principes. Saint-Simon reste jusqu'à son dernier jour un publiciste de génie. Comte, à vingt-quatre ans, a déjà construit un système de philosophie.

Pareillement, Comte s'écarte de ceux qui vont droit à la réforme politique et sociale, aussi bien des fouriéristes que des saint-simoniens. Tous sont d'avis qu'il faut, avant tout, « réorganiser la société », ou, comme ils disent, faire succéder à une période critique une période organique. Nos réformateurs abordent donc de front la « réorganisation sociale. » Comte n'a garde de les suivre. Il proteste dès qu'on paraît le confondre avec eux. À ses yeux, leur entreprise, destinée à un échec certain, implique une conception naïve des faits sociaux. Ils s'imaginent que l'action du législateur n'a point de bornes, et qu'il peut faire de la matière sociale ce qu'il lui plaît. Mais les faits sociaux sont, comme les autres phénomènes de la nature, soumis à des lois invariables, et pour agir utilement sur ces faits, il faut commencer par en connaître les lois. Les panacées sociales rappellent la médecine des sauvages, qui suppléent à la connaissance de la physiologie par la foi en certaines recettes. Bref, comme il y a une science de la physique et de la biologie, il doit y avoir une science de la politique. Tant que l'on n'aura pas fondé cette « physique sociale, » on sera condamné à de stériles efforts et aux tâtonnements de l'empirisme.

Comte n'en croit pas moins, lui aussi, que la « réorganisation sociale » est le problème capital de notre temps. Il a la ferme confiance, comme beaucoup d'autres, qu'il en trouvera la solution. Mais voici où il est original. Cette solution, selon lui, ne peut être atteinte d'emblée. Il faut, auparavant, avoir résolu d'autres problèmes d'un caractère plus théorique. Car, « réorganiser la société, » c'est y instituer un ordre nouveau. Or, les institutions dépendent des mœurs, et les mœurs, à leur tour, dépendent des croyances. Tout projet de nouvelles institutions est donc vain, si l'on n'a pas d'abord « réorganisé » les mœurs. Et, puisque les mœurs, à leur tour, sont subordonnées aux croyances, l'œuvre sociale qu'on se propose ne pourra être accomplie qu'à cette seule condition : fonder un système général d'opinions qui soient unanimement acceptées pour vraies, comme l'a été, par exemple, le système chrétien par toute l'Europe du moyen âge. Donc, ou le problème social n'a pas de solution, — et Comte ne s'arrête pas à cette hypothèse pessimiste, — ou la solution suppose d'abord l'établissement d'une philosophie nouvelle, qui emporte l'assentiment universel. Cette philosophie, Comte se croit destiné à la créer. C'est pourquoi il ne veut être, à ce moment, qu'un théoricien. « Je regarde, écrit-il en 1824, toutes les discussions sur les institutions comme de pures niaiseries fort oiseuses, jusqu'à ce que la réorganisation spirituelle de la société soit effectuée, ou du moins fort avancée. »

Ainsi, les troubles politiques et sociaux n'ont qu'une valeur de symptômes. Le mal est plus profond. Il vient de « l'anarchie morale et mentale », qui prévaut dans l'humanité civilisée. « Anarchie » n'est pas pris ici dans un sens large et symbolique. Ce mot veut dire, dans son sens le plus littéral, que l'humanité, au point de vue moral et intellectuel, n'est plus « gouvernée ». La fonction du « pouvoir spirituel » n'est pas remplie. Il n'y a plus de principes universellement reconnus pour vrais, et mis d'un commun accord au-dessus de la discussion. Tout a été atteint par la critique et ébranlé par le doute : foi religieuse, convictions philosophiques, principes de morale ; et la crise que subit la société politique n'a pas, au fond, d'autre cause. Cette crise ne peut que s'aggraver, tant que l' « anarchie » n'aura pas fait place à un ordre spirituel nouveau.

Comment en est-on venu là ? L'histoire le fait aisément comprendre. Comte regarde la Révolution française comme le point d'aboutissement, — provisoire, — d'une longue évolution qui a rempli cinq siècles. Selon lui, dès le XIVe siècle, le régime du moyen âge commence à décliner. L'ensemble de ses institutions et de ses croyances entre dans une période de décomposition qui se poursuit avec une fatalité inéluctable. La Réforme, d'abord, porte un coup mortel à la communauté européenne, dont elle rompt l'unité religieuse. Quand elle nie l'autorité du Pape en matière de foi, elle proclame déjà la révolution dans l'Eglise. La phase déiste est venue ensuite. Une « religion naturelle », sous couleur d'établir l'existence de Dieu et la Providence par les seules forces de la raison, a substitué aux croyances religieuses une pâle et incertaine métaphysique. Et au XVIIIe siècle, l'esprit critique, attaquant franchement tous les dogmes, n'en laisse aucun debout, et triomphe avec la Révolution française.

En étudiant la marche de cette décomposition progressive, Comte s'est appliqué à montrer, suivant les principes de sa sociologie, comment les faits sociaux les plus divers, religieux politiques, économiques, militaires, intellectuels, esthétiques, etc., agissent et réagissent sans cesse les uns sur les autres. Toutefois, ces différents ordres de faits ne sont pas tous d'égale importance. L'ordre des faits intellectuels est « dominateur ». Il joue un rôle prépondérant. Car, sans lui, l'évolution des autres serait inintelligible, tandis que sa propre évolution pourrait, au besoin, se comprendre sans la leur. « Ce sont les idées qui mènent le monde », et la courbe décrite par l'histoire générale de l'humanité est commandée, en dernière analyse, par la courbe que décrivent la science et la philosophie.

Or, le fait capital qui domine et explique l'histoire de la pensée humaine depuis le XIIIe siècle, n'est-il pas le progrès de l'esprit positif ? Ce progrès a commencé, dit Auguste Comte, dès l'origine même de l'humanité. Mais il est demeuré longtemps latent et presque imperceptible. Il n'est devenu rapide et puissant que depuis le moyen âge. L'esprit positif consiste, comme on sait, à ne plus rechercher que les lois des phénomènes naturels, en abandonnant la poursuite chimérique des causes et des essences. Il a été le ressort caché de l'évolution du monde moderne. Sous le couvert des grandes doctrines métaphysiques de Hobbes, de Descartes, de Leibniz, de Spinoza, de Malebranche même, il a miné, puis ruiné la conception théologique de l'univers. Ces philosophes, qui pour la plupart, étaient en même temps des savants, ont accompli une œuvre dont ils ne distinguaient peut-être pas toute la portée. Ils croyaient soit faire coexister, soit même faire coïncider une vue purement rationnelle de l'univers avec l'ancienne conception qui reposait sur des données surnaturelles. En fait, leurs doctrines n'étaient que des formes de transition, indispensables sans doute, mais caduques. Une métaphysique, selon Comte, n'est jamais qu'une théologie rationalisée, et par-là même affaiblie, démunie de tout ce qui en a fait la vertu à l'époque où elle était objet de foi. Les grands penseurs de la philosophie moderne ont cru fonder une métaphysique : ce qu'ils ont fondé en réalité, c'est une physique. Ce qu'il y avait de durable dans l'œuvre des Descartes et des Leibniz s'est incorporé à la science. La méthode positive s'est imposée d'abord dans la science de la nature inorganique. Après les découvertes de Copernic, de Kepler, et de Newton, l'astronomie est devenue un « cas céleste » pour les mathématiciens. Personne ne songe plus à « expliquer » les phénomènes astronomiques. On se contente de les calculer. Pareillement, en physique et en chimie, la recherche des lois naturelles a effacé presque toute trace de l'ancien mode de penser théologique et métaphysique. Le monde de la nature vivante est une conquête plus récente de l'esprit positif. Cependant, depuis la fin du XVIIIe siècle, la « biologie », pour employer un mot que Blainville a emprunté aux Allemands, et Comte à Blainville, est devenue à son tour une science positive, une sorte de physique des phénomènes vitaux. Enfin, des signes précurseurs annoncent que bientôt les phénomènes moraux et sociaux seront étudiés au moyen de la même méthode, et que notre temps verra naître une « physique sociale ».

Mais comment ce progrès de l'esprit positif, si important qu'il soit d'ailleurs, a-t-il pour conséquence l'anarchie morale et mentale qui, au dire de Comte, est le grand mal de notre temps ? L'investigation positive des divers ordres de phénomènes naturels ne peut-elle s'accorder avec une conception métaphysique ou théologique de l'univers ? Qui empêche de se représenter les phénomènes de la nature comme régis par des lois nécessaires, et de croire en même temps que l'ordre général de la nature provient d'une cause suprême ? Il semble au contraire que la science positive, enfin dégagée de la théologie et de la métaphysique, leur assure la liberté qu'elle revendique pour elle-même.

Cette conciliation, dit Auguste Comte, a pu longtemps paraître légitime, parce qu'elle était provisoirement indispensable. Mais, à la longue, l'impossibilité de la maintenir éclate. Il fut un temps où les théologies et les métaphysiques étaient les seules conceptions du monde dont l'esprit humain fût capable. Elles ont rempli alors une fonction nécessaire. Même, sans elles, la science positive n'aurait jamais pu naître et se développer. Mais, comme elle est leur héritière, elle est aussi leur ennemie. Son progrès entraîne nécessairement leur décadence. L'histoire parallèle des dogmes religieux et métaphysiques d'une part, et de la méthode positive d'autre part, permet de dire avec certitude : « Ceci tuera cela. » Il ne faut pas imaginer à cette occasion une lutte dialectique où les dogmes finiraient par succomber, la démonstration de leur fausseté étant achevée. Ce n'est pas ainsi que les dogmes finissent. Tant qu'ils luttent, tant qu'on les combat, ils sont invincibles. Ils disparaissent, selon le mot profond de Comte, par désuétude, comme les méthodes hors d'emploi. Et, en fait, n'ont-ils pas été vraiment des méthodes pour l'esprit humain, qui voulait concevoir l'ensemble des choses avant de les avoir assez étudiées ? Ce que la raison ne pouvait lui donner que très tard, après une longue expérience, il l'a demandé d'abord à l'imagination. Mais, à mesure qu'il s'accoutumait à la méthode d'investigation positive, il se déshabituait des explications théologiques et métaphysiques, ou, sans y renoncer tout à fait, il reléguait les » causes » dans des régions de plus en plus lointaines.

 L'idée de la Providence, par exemple, présente, sous la forme la plus philosophique, une explication de ce genre. Or la Providence, dit Malebranche, n'intervient jamais dans le monde par des volontés particulières. Elle n'agit que par des volontés générales. Mais des volontés générales, qui ne souffrent point d'exception, ressemblent étrangement à des lois nécessaires. Que peut être pour l'homme une Providence que ses prières n'émeuvent point, esclave de ses propres décisions, éternelles et immuables ? En fait, nous n'imaginons plus d'intervention surnaturelle dans les phénomènes les plus simples et les plus généraux de la nature, tels que le mouvement des astres ou la chute des corps. Quand tous les ordres de phénomènes seront habituellement conçus comme ceux-là, quand l'idée de leurs lois nous sera devenue partout familière, on ne démontrera pas, par surcroît, qu'il n'y a pas lieu de croire à une Providence. On aura simplement cessé d'y croire. Être athée est encore une façon d'être théologien. Il est donc peu exact de dire que Comte n'a pas voulu laisser de questions ouvertes. Au contraire, toutes les questions théologiques et métaphysiques, selon lui, resteront éternellement ouvertes. Seulement personne ne les abordera plus.

Toutefois, il ne suffirait pas, pour rendre définitif ce résultat, que la méthode positive se fût successivement étendue à tous les ordres de phénomènes naturels. Sans doute, elle met ainsi un ternie au trouble qui provient de la coexistence dans les esprits de deux modes de penser opposés et incompatibles. Mais ce n'est là encore, pour ainsi dire, que la condition négative de l'unité que notre entendement exige. Pour que cette unité se réalise pleinement, il faut que l'esprit positif fasse bien davantage. Il faut qu'il procure à l'homme une conception d'ensemble où lui-même, la société, le monde où il vit, sa nature et sa destinée lui soient rendus intelligibles. Il faut, en un mot, que l'esprit positif engendre une philosophie. Autrement, il ne supplantera jamais l'esprit théologique et métaphysique. « On ne détruit que ce qu'on remplace. » Si la doctrine positive n'apporte pas, à son tour, une réponse satisfaisante à des questions que l'homme se pose nécessairement, il n'abandonnera jamais les solutions que lui enseignaient les anciennes doctrines. L'esprit humain ne saurait se passer d'une philosophie : l'unité, qui est son premier besoin, est à ce prix.

Or, jusqu'à présent, l'esprit positif n'a encore constitué que la science, ou plutôt, que des sciences particulières. Il a été « spécial » et fragmentaire, toujours attaché à l'investigation d'un groupe plus ou moins étendu de phénomènes. Il n'a eu en vue que la découverte de lois, le plus générales possible, sans doute, mais toujours relatives à un ordre donné de faits. Avec une prudence louable, et qui a fait sa force, il s'est tenu au plus près de l'expérience. Tout entier à son œuvre d'analyse, il ne s'est jamais élevé à une conception d'ensemble, embrassant la totalité de ce qui existe. Seules, jusqu'ici, les théologies et les métaphysiques ont rem pli cet office, et cet office était, en effet, leur raison d'exister. En sorte que, jusqu'aujourd'hui, l'esprit positif a été « réel, mais spécial », tandis que l'esprit théologique et métaphysique a été « fictif, mais universel ». Si les choses restaient en cet état, aucun des deux ne triompherait jamais des prétentions de l'autre. L'« anarchie mentale et morale » serait sans remède. Mais une solution est proche. Car l'esprit théologique et métaphysique, « fictif » par essence, ne deviendra sans douté jamais « réel » ; mais l'esprit positif, qui n'est « spécial » que par accident, peut acquérir l'universalité qui lui manque. Une philosophie nouvelle sera alors fondée, et le problème résolu.

Ainsi, les sciences positives, sous leur forme actuelle, ne sauraient en aucune manière se substituer aux anciennes doctrines philosophiques. Pour faire disparaître celles-ci, il faut mettre en leur place quelque chose qui, comme elles, réponde à l'idée de l'un et de l'universel. La philosophie, dans la période positive, ne se survivra donc pas à elle-même sous la forme réduite d'une « généralisation des résultats les plus élevés des sciences. » Loin de diminuer le rôle de la philosophie, Comte essaiera d'en instituer une qui satisfasse plus amplement que ses devancières aux aspirations logiques, esthétiques, morales et religieuses de l'âme humaine. Ses adversaires lui ont reproché de s'être fait de la philosophie une idée étroite et mesquine. Mais si sa philosophie doit expliquer l'évolution de l'humanité, mettre fin à la crise présente, fonder la politique et la morale, et servir de base à la religion, ne semble-t-il pas que l'idée en soit plutôt trop vaste et trop ambitieuse ?

II

Le problème soulevé par Comte n'est pas très différent, au fond, de celui que Kant avait traité au siècle précédent, et qui domine toute la spéculation philosophique des modernes. D'une part, la science positive s'impose à nos esprits, avec sa méthode qui « réussit », et ses principes, légitimés, semble-t-il, par ce succès même. D'autre part, la morale ne s'impose pas moins à notre conscience ; et les conceptions métaphysiques et religieuses qui sont liées jusqu'ici à la moralité, paraissent être légitimées, elles aussi, par cette relation. Comment trouver un point de vue supérieur d'où les exigences logiques et les convictions morales de l'âme humaine s'harmonisent ? Comment ne rien abandonner de ce qui est vital, et satisfaire cependant le besoin d'unité qui est le fond de notre esprit ? C'est pour être entrés, chacun par une voie différente, très avant dans ce problème, que Kant et Auguste Comte ont prononcé des paroles qui ont retenti si longuement et si loin.

Kant a surtout voulu délimiter la portée de la raison théorique, et en fixer les rapports avec la raison pratique. A la fois rationaliste et chrétien, il a cru, dans sa *Critique de la Raison pure*, garantir à jamais la science contre les attaques du scepticisme et les excès du dogmatisme, en même temps que, dans sa *Critique de la Raison pratique*, il donnait à la morale du devoir un accent de sublimité presque religieuse. Dans l'évolution de la pensée moderne, il appartient à ce que Comte appelait « la halte protestante. » C'est un homme du XVIIIe siècle, nourri de Newton, de Hume et de Rousseau. Toute sa philosophie, même dans sa partie morale et politique, reste encore purement spéculative.

Mais Comte est de la première génération du XIXe siècle, qui assiste à la lutte de la révolution et de la contre-révolution. Ce spectacle détermina l'orientation de sa pensée pour toute sa vie. Né dans une famille catholique et royaliste, il professa, dès sa jeunesse, des opinions très différentes. Pourtant, les premières impressions de l'enfance devaient demeurer indélébiles. Comte, comme on sait, n'a pas été philosophe de profession ; il l'est devenu par vocation. Les premiers objets de ses études furent les mathématiques. Admis à l'Ecole Polytechnique un an avant que son âge lui permît d'y entrer, il passe cette année à Montpellier, où il étudie les sciences naturelles. En même temps il « médite » Montesquieu et Condorcet. Il s'initie à la philosophie proprement dite par la lecture d'Adam Smith, de Ferguson et de Hume, et il distingue fort bien la supériorité de ce dernier. Quand il sort de l'École polytechnique, en 1816, les matériaux de son système futur sont déjà en grande partie préparés.

Dès ce moment, une filiation directe le rattache à Descartes d'abord, puis aux penseurs du XVIIIe siècle français. Lui-même, il s'appellera plus tard le successeur, ou, par un horrible barbarisme, le « compléteur » de Descartes. Il admire et il possède Fontenelle, D'Alembert, Diderot, et il s'assimile l'esprit du XVIIIe siècle entier chez Condorcet, qui en a extrait et clarifié la substance. Celui-ci est son maître préféré, son « père spirituel. » C'est Condorcet qui s'est approché le plus près, avant Comte, de la solution du grand problème, et, sans lui, Comte ne l'aurait sans doute pas découverte. C'est lui qui a ouvert la voie à la sociologie, en élucidant l'idée capitale de progrès. En même temps, Comte suit avec une curiosité passionnée les travaux des grands naturalistes et biologistes de son temps : Lamarck, Cuvier, Blainville, Gall, Bichat, Cabanis, Broussais. Il sent l'importance philosophique de ces sciences nouvelles, que Diderot avait déjà signalée. Il a entendu Destutt de Tracy dire que l'idéologie est une partie de la zoologie. Tout cela se retrouvera plus tard, fondu dans la forte unité de sa doctrine.

Mais en 1817, c'est-à-dire avant même que Comte eût connu Saint-Simon, un autre élément vint se joindre à ceux-là, et en contrebalancer l'effet. Le livre *Du Pape* parut, et la philosophie historique et politique de Joseph de Maistre fit sur l'esprit de Comte la plus profonde impression. Avait-il connu les ouvrages précédents du même auteur ? Nous ne le savons pas ; toujours est-il que, de son propre aveu, le livre *Du Pape* fut un événement dans l'histoire de son esprit. En fait, la trace des idées de Joseph de Maistre se révèle presque à chaque pas dans l'œuvre de Comte. Comme de Maistre, il pense que la philosophie du XVIIIe siècle, toute négative, a su admirablement démolir, mais a été impuissante à reconstruire. Comme de Maistre, il croit que les encyclopédistes et leurs amis ont dû leur succès bien plutôt à la faveur des circonstances qu'à la force de leur doctrine, et que leurs adversaires de la contre-révolution ont sur eux une supériorité logique incontestable. Comme de Maistre encore, il est persuadé que l'ordre social n'exige pas moins un pouvoir spirituel qu'un pouvoir temporel, et que le régime du moyen âge a été « un chef-d'œuvre de la sagesse politique », précisément parce que les deux pouvoirs y étaient distincts, grâce à l'hégémonie spirituelle des papes. Comme de Maistre enfin, il fait dépendre le salut de l'humanité, dans l'avenir, de son retour à l'unité de foi.

Ainsi, Comte s'inspire à la fois de Condorcet et de Joseph de Maistre. Il procède également du savant idéologue à qui aboutit l'effort philosophique du xvui0 siècle, et du fougueux traditionaliste, pour qui ce même siècle est l'époque abhorrée de l'erreur et de la perversion morale. Comte entreprendra, non pas de les concilier : comment concilier ce qui s'exclut ? mais de fonder une doctrine plus compréhensive, où il réunira ce qu'il a reçu de tous deux. Telle lui apparaît à lui-même sa propre tâche. Il l'entreprend avec confiance, car il se croit en mesure d'éviter les erreurs où ses prédécesseurs ont dû tomber. Condorcet a eu l'idée nette d'une science sociale : cela ne l'a pas empêché de méconnaître la marche réelle de l'esprit humain, et de n'apprécier justement que son siècle, aux dépens de toutes les époques précédentes. De Maistre, à son tour, non moins prévenu, quoique pour d'autres raisons, manque également de l'intelligence de l'histoire. Pour restaurer l'humanité, et pour la rétablir en l'état où elle était au XIIIe siècle, il va jusqu'à l'absurde. Il prétend ne tenir aucun compte de la marche de la civilisation et du développement des sciences. Condorcet, qui a mis en lumière l'idée de progrès, n'a rien compris au moyen âge. De Maistre, qui a si bien vu l'excellence du moyen âge, nie le fait éclatant du progrès.

Tous deux sont excusables, parce qu'ils prenaient part à la lutte. Dans la chaleur du combat, ils ont été partiellement aveuglés. Comte, qui voit les choses de plus loin, les voit aussi de plus haut, en pur théoricien. Il dispose surtout d'un instrument que ni Condorcet, ni de Maistre ne possédaient : il va appliquer la méthode positive à l'étude des phénomènes sociaux. Il va fonder, en un mot, la « sociologie ». S'il n'y a pas réussi autant qu'il le croyait, du moins avait-il raison de penser, que son originalité philosophique était dans cette tentative. Fondre, dans une science nouvelle et positive, les idées encore vivaces issues de la spéculation du XVIIIe siècle, avec les vérités historiques et sociales mises au jour par les adversaires de ce siècle : le problème était nettement posé. La solution que Comte en donne devient l'urne même de son système. Par un double et vigoureux effort, il fonde une physique sociale. Il reporte sur le passé l'idée de progrès que Condorcet appliquait seulement à l'avenir, — ce qui lui permet d'instituer une philosophie de l'histoire. Il projette au contraire sur l'avenir ce que de Maistre n'avait vu que dans le passé, — ce qui lui fournit le cadre de sa « réorganisation sociale. » Cette philosophie de l'histoire, qui n'a plus rien de métaphysique, ce sera la dynamique sociale ; cette « réorganisation » de la société, fondée sur la science, ce sera la politique positive.

Tout dépendait donc de la fondation de la sociologie. En constituant cette science par la découverte de ses lois principales, Comte a gardé de ses prédécesseurs tout ce qui méritait d'en être conservé. Il a trouvé la solution du problème philosophique dans les termes qu'il avait lui-même posés. Il a mis un terme à l'« anarchie mentale et morale » dont le monde moderne est menacé de périr.

Avec la fondation de la sociologie, en effet, se réalise la « parfaite cohérence logique » qu'exige notre entendement. Jusqu'à présent, la méthode positive, seule employée dans les sciences physiques et biologiques, s'arrêtait au seuil du monde moral, où la métaphysique était encore maîtresse. La « physique sociale » une fois créée, la méthode positive s'applique désormais à tous les ordres de phénomènes sans exception. L'ensemble du monde apparaît comme « homogène ». Mais, du même coup, l'esprit positif perd son caractère de « spécialité ». Arrivé au terme de son ascension méthodique, ayant conquis enfin le dernier et le plus noble des ordres de phénomènes, le plus compliqué et le plus élevé, il peut, de ce sommet, jeter un regard sur l'ensemble de tous les ordres. Il va refaire par la pensée, en sens inverse, le chemin parcouru.

La sociologie est donc, à la fois, un point d'arrivée pour la méthode positive, qui atteint avec elle le faite de la hiérarchie des sciences, et un point de départ pour la philosophie positive, qui domine cette hiérarchie. Dorénavant, les rapports des sciences entre elles, laissés jusqu'ici à l'arbitraire des savants, seront réglés du point de vue de l'ensemble. A l'intérieur même de chaque science, la recherche scientifique sera soumise à une exacte discipline, qui écartera les problèmes « oiseux. » Les rapports des sciences avec les arts correspondants seront établis rationnellement. Enfin le problème moral et le problème religieux seront résolus par cette philosophie. « Par la fondation de la sociologie, dit A. Comte au commencement du *Cours de philosophie positive*, la philosophie positive acquerra le caractère d'universalité qui lui manque encore, et deviendra par-là capable de se substituer à la philosophie théologique et métaphysique, dont cette universalité est aujourd'hui la seule propriété réelle. » Et à la fin du *Cours*, il conclut : « La création de la sociologie vient aujourd'hui constituer l'unité fondamentale dans le système entier de la philosophie moderne. »

Pourquoi n'est-elle pas venue plus tôt ? La sociologie elle-même l'explique. Il fallait, pour qu'elle apparût, que la Révolution française eût jeté sa lumière sur la philosophie de l'histoire ; il fallait que la biologie eût fait des progrès décisifs. Si haut que Comte place son propre génie, il reconnaît qu'il n'aurait pas fondé la sociologie, si la date de sa naissance ne l'avait placé juste après Gall et Cabanis, et après Condorcet et de Maistre. Mais il n'en regarde pas moins sa découverte de la sociologie comme un événement capital dans l'histoire de l'esprit humain. Car, la sociologie une fois l'ondée, la philosophie positive est établie en même temps. Une « foi démontrée » va se substituer à la « foi révélée. »

III

La sociologie, en sa qualité de science positive, devrait, comme les autres, partir de l'observation et de l'analyse des faits, établir des lois, et permettre la prévision des phénomènes futurs, dans la mesure où l'extraordinaire complication des faits sociaux le comporte. Elle devrait rendre, de plus, l'action de l'homme d'Etat aussi rationnelle et aussi efficace que celle de l'ingénieur et du chirurgien. Ce programme a-t-il été rempli par la doctrine de Comte ? Il ne le semble pas, puisque l'on en est encore aujourd'hui à chercher la définition du fait social, et à discuter sur l'idée même de la sociologie. Mais qu'importe que cette science ne soit pas sortie de la période des tâtonnements ? L'essentiel était que Comte eût fourni à la spéculation philosophique de notre siècle la forme qui répondait le mieux à ses tendances intimes.

Au fond, l'objet de cette spéculation ne varie guère. Métaphysique et religieuse en France au XVIIe siècle avec Descartes et Malebranche, idéologique et morale au XVIIIe avec Condillac et Rousseau, sociale au XIXe avec Saint-Simon, Comte et Proudhon, ce sont toujours les mêmes problèmes qu'elle agite.

Mais, avec le temps, ils revêtent des aspects nouveaux, et Comte a bien vu que, pour notre époque, ils devaient se formuler en termes sociaux.

N'était-ce pas là d'abord une suite nécessaire de l'ébranlement formidable produit par la chute de l'ancien régime, et par l'entrée des masses prolétaires dans la vie sociale consciente ? Le problème philosophique, dit A. Comte, ne se pose plus après la Révolution comme avant 1789. Elle a rendu la science sociale désormais possible. L'idée de progrès, indispensable à cette science, était inconnue des anciens, apparaissait à l'état d'ébauche chez Bacon, restait imparfaite même chez Fontenelle et chez

Condorcet. Après la Révolution, cette idée reçoit une définition scientifique, dans son rapport nécessaire avec l'idée d'ordre.

Mais surtout, la sociologie avait l'avantage de remettre la spéculation philosophique en contact intime avec les sciences positives. En un sens, en effet, la sociologie domine et gouverne toutes les autres sciences, qui peuvent être regardées comme les produits de l'évolution intellectuelle de l'humanité, c'est-à-dire comme de grands faits sociaux. Mais, en un autre sens, la sociologie dépend, à son tour, de toutes les sciences. Car les phénomènes les plus « nobles » sont subordonnés aux plus « grossiers » quant à leurs conditions d'existence. L'homme ne peut se considérer comme un empire dans un empire. La science des sociétés suppose la science des individus qui les composent, c'est-à-dire, la biologie. Toutes deux, à leur tour, impliquent la science du milieu où les êtres vivans sont plongés, et dont la moindre altération les ferait disparaître : c'est-à-dire la physique, la chimie et l'astronomie. Et l'astronomie ne saurait exister sans les mathématiques. La science de l'homme, qui est la science suprême, repose donc sur l'étude préalable des autres sciences de la nature, parcourues successivement dans leur ordre de complication ascendante, et sans qu'il en manque une seule. Toute spéculation philosophique qui ne remplit pas cette condition est vaine et chimérique.

Quel contraste entre cette philosophie et l'éclectisme, dont le succès était éclatant, quand parut, en 1830, le premier volume du *Cours de Philosophie positive* ! C'est à lui que Comte pense lorsqu'il attaque les psychologues et la prétendue méthode psychologique. Les expressions méprisantes dont il se sert s'expliquent par l'incompatibilité foncière des deux doctrines. Les origines de Comte relient la sienne aux sciences positives ; les affinités de Cousin rattachent l'éclectisme au mouvement romantique. Cousin a connu à Paris A.-W. Schlegel, un des principaux théoriciens du romantisme allemand. Dans ses voyages en Allemagne, il a subi d'abord l'influence de Fichte et de Schelling, les deux philosophes romantiques par excellence, et plus tard seulement celle de Hegel. Aussi son éclectisme, sous sa première forme, la seule qui compte, procède-t-il des mêmes principes que le romantisme dont il est contemporain. Subordonner en toute occasion ce qui est réfléchi à ce qui est spontané, et l'entendement discursif à l'intuition immédiate ; faire du « moi » le centre d'où toute réalité est perçue et comprise ; ne considérer de l'univers que sa projection dans la conscience d'un sujet : ce sont là des signes certains de l'esprit romantique.

M. Brunetière a rendu pleinement évidente l'étroite liaison du romantisme littéraire avec cette philosophie toute subjective, qui s'est donné en France le nom d'éclectisme. Mais il a fait voir aussi la prompte réaction qui suivit ce mouvement romantique. Il en a montré les signes jusque chez les romantiques même qui ont survécu à leur génération, et comment surtout leurs successeurs, loin de ne voir la nature qu'à travers l'homme, et de la ramener à lui, ont au contraire replacé l'homme dans la nature et voulu l'expliquer par elle. N'est-ce pas justement ce que Comte a fait en philosophie ? L'éclectisme tirait tout de l'analyse du moi ; Comte n'en tire plus rien. Cette analyse est illusoire, ou tout au moins stérile. Certes, l'individu peut constater en lui-même, par la conscience, qu'il pense, sent et veut. Mais cette constatation ne permet pas d'aller plus loin. Il n'y a que deux manières d'étudier scientifiquement les faits intellectuels et moraux. Ou bien on les considère dans leur rapport avec l'organisme qui en est la condition, et cette étude est alors inséparable de la biologie ; ou bien on étudie les lois intellectuelles dans leurs résultats, c'est-à-dire dans l'évolution historique des connaissances humaines, et on institue alors la sociologie. Mais la biologie, comme la sociologie, suppose les autres sciences fondamentales. Donc, une philosophie qui perd le contact de ces sciences, et qui prétend faire de l'analyse du moi sa seule méthode, ne peut rire que creuse, sinon fausse.

En conséquence, dans son *Cours de Philosophie positive*, A. Comte fait précéder la sociologie d'une philosophie des sciences qui occupe les trois premiers volumes. C'est là peut-être la plus belle partie de son œuvre. Il y expose une théorie de la méthode et de la science, qui, sur bien des points, rejoint celle de Descartes. La science « se compose de lois et non de faits. » Se contenter, pour constituer la science, d'amasser des faits, si nombreux soient-ils, c'est « prendre une carrière pour un édifice. » Le but de la science est de substituer la prévision rationnelle à la constatation empirique des faits.

De cette philosophie des sciences, que nous ne saurions exposer ici, même sommairement, on ne connaît guère, en général, que la classification proposée par Comte dans la seconde leçon du *Cours*. Sans doute, cette classification célèbre mérite qu'on s'y arrête. Elle est à peu près adoptée par les sa vans de tous les pays. Comme le système métrique, c'est une trace du clair génie français dans le monde. Mais, quelle que soit son utilité, Comte y voyait surtout une « hiérarchie » des sciences, rangées dans leur ordre de complexité croissante. Elle lui sert à montrer comment la méthode positive a conquis tour à tour les diverses classes de phénomènes, compensant dans une certaine mesure les difficultés grandissantes par l'emploi de procédés plus nombreux, et s'élevant enfin, avec la sociologie, au point de vue philosophique, « universel », d'où s'aperçoit tout l'ensemble du réel. Alors se dégagent les lois les plus générales, communes à tous les ordres de phénomènes, les lois « encyclopédiques » dont l'ensemble forme la « philosophie première » que Bacon a entrevue.

Mais Comte, pour rester fidèle à ses principes, ne devait pas essayer de ramener les phénomènes de la nature à un seul ordre qui les contiendrait tous. Il condamne, au contraire, comme métaphysique, la philosophie qui poursuit une unité « aussi oppressive que chimérique. » Selon lui, à chaque degré de l'échelle des sciences, quelque chose de nouveau et d'irréductible apparaît. Si utile que l'analyse mathématique soit à la physique, celle-ci a son originalité propre. Les phénomènes chimiques ne peuvent s'expliquer par les seules lois de la physique. Entre le monde de la matière inorganique et le monde de la vie, la distinction est encore plus nettement marquée. Et enfin, si étroits que paraissent les rapports de la biologie et de la sociologie, Comte n'admet pas que la seconde soit simplement une extension de la première.

Cette philosophie fait donc une juste part à la solidarité, mais aussi à l'indépendance des sciences. Chaque ordre de phénomènes, en même temps qu'il est soumis aux lois de tous les ordres sous-jacents, est en outre régi par ses lois propres. On pourrait figurer ces ordres par des cercles concentriques. Ces cercles s'envelopperaient les uns les autres, le cercle du plus grand rayon représentant l'ordre des phénomènes les plus simples et les plus généraux, et enfermant les cercles de rayons de plus en plus petits, qui représenteraient les phénomènes de plus en plus complexes. Mais toujours les cercles resteraient distincts les uns des autres.

Si Comte n'était pas un ennemi irréconciliable de toute métaphysique, on penserait qu'il est ici bien près d'en esquisser une. A vrai dire, on la voit se dessiner tout le long de sa philosophie des sciences. Il ne serait peut-être pas très difficile de la mettre au point. N'en a-t-il pas lui-même préparé les traits essentiels, quand il a dit que la science « se compose de lois et non de faits », quand il a défini la loi « la constance dans la variété », quand enfin il a conçu les divers ordres de phénomènes naturels à la fois comme « irréductibles » et comme « convergents » ? Qu'il fasse un pas de plus, qu'il essaye de comprendre le principe de cette convergence, et sa métaphysique est fondée.

Ce pas, A. Comte n'a pas voulu le faire. Il est chimérique, selon lui, de chercher un tel principe. La philosophie positive s'en abstient. S'il est vrai qu'il existe des lois encyclopédiques qui se vérifient dans tous les ordres de phénomènes, nous n'en ignorons pas moins l'essence ou la cause de ces phénomènes, et nous n'avons pas à la chercher. Au reste, même dans chaque ordre considéré à part, nous ne pouvons pas ramener les lois que nous connaissons à une loi unique plus générale ; et que sont les lois connues au prix de celles qui nous échappent, et qui nous échapperont peut-être toujours ? Considérée dans son objet, chacune de nos sciences s'étend pour ainsi dire à l'infini, au-delà de notre horizon borné. Si donc il faut, pour nous satisfaire, une conception *une* du monde, ce n'est pas du point de vue de la science objective que nous l'atteindrons jamais. Cette science sera toujours incomplète et fragmentaire. Mais si nous changeons de point de vue, si nous rapportons à l'homme, ou plutôt à l'humanité, comme centre, tout l'ensemble des sciences, nous pourrons alors réaliser l'unité cherchée. En un mot, ce n'est pas la métaphysique, c'est la sociologie qui nous conduira à une conception « une et universelle » c'est-à-dire philosophique, de la nature dans son ensemble.

Si nous nous plaçons ainsi, comme il convient, au point de vue de l'homme, peu importe que tant de lois de la nature doivent nous rester toujours cachées. Chaque science ne devra être cultivée que dans la mesure nécessaire au progrès matériel, intellectuel et moral de l'humanité. Chacune sera regardée, non pas comme une fin en elle-même, mais simplement comme préparatoire à la science suivante, puisque seule la science dernière, la sociologie, a en soi sa raison d'être, parce qu'elle est la base de la morale et de la religion. Comte, qui condamne « l'art pour l'art », n'est pas moins hostile à « la science pour la science. » Il ne comprend l'une et l'autre que du point de vue social. Sans doute, la science est, par essence, désintéressée. La poursuite servile de résultats immédiats arrêterait bientôt son progrès. Mais, si libre qu'elle soit de motifs utilitaires, elle n'en sert pas moins à des fins autres qu'elle-même. Dans l'hypothèse, d'ailleurs invraisemblable pour longtemps, où les sciences positives finiraient par assurer à tous les hommes une vie libre et vraiment humaine, Comte n'estimerait pas qu'il fallût les pousser beaucoup plus loin. L'art, plutôt que la recherche scientifique, devrait faire l'occupation de l'humanité affranchie.

Quel est donc, en définitive, le rôle propre de l'intelligence dans la doctrine de Comte ? La question peut sembler embarrassante. Tantôt il représente l'intelligence comme un instrument très noble et très précieux, mais qui ne vaut que selon l'usage qui en est fait. Livrée à elle-même, elle manque de règle et de discipline. L'abus de l'esprit scientifique dessèche l'âme. Il la rend égoïste, immorale et tyrannique. En politique, le gouvernement des hommes de science serait détestable. Comte n'a pas assez de sarcasmes contre ce qu'il appelle la « pédantocratie », d'un nom qu'il est ravi d'emprunter à Stuart Mill. Il cite volontiers l'exemple de la Chine, pour montrer où mène la superstition du savoir. Dans la société positive, la recherche scientifique sera soumise au contrôle du pouvoir spirituel. La période qui nous sépare du moyen âge, et qui est remplie par le développement des sciences, est définie par Comte une longue « insurrection de l'esprit contre le cœur. » Cette insurrection fut sans doute indispensable au progrès de l'humanité, mais, si elle se prolongeait dans la période positive, elle deviendrait criminelle.

Ce langage est très net. Cependant, Comte en a tenu souvent un tout différent. Pourquoi dit-il, par exemple, que la supériorité intellectuelle est la plus rare et la plus précieuse de toutes ? Comment, dans sa philosophie de l'histoire, fait-il du développement de l'intelligence le pivot de toute l'évolution humaine ? Et pourquoi regarde-t-il la « parfaite cohérence logique » comme le signe le plus sûr de la vérité ?

La contradiction n'est qu'apparente, et la solution en est fournie par la philosophie de l'histoire. Il suffit de distinguer la période qui précède l'apparition de la philosophie positive, et celle qui la suit. Jusqu'à la fondation de cette philosophie, l'intelligence joue dans l'évolution de l'humanité un rôle prépondérant. C'est elle qui, tirée de sa torpeur primitive par le besoin, par la guerre, par mille dangers, a observé les premières liaisons réelles entre les phénomènes naturels, germe de la science future. Elle a fondé les premiers gouvernements. Par une suite de lentes révolutions, elle a fait succéder les conceptions métaphysiques aux théologiques, et les positives aux métaphysiques. Elle a enfin étendu jusqu'aux faits moraux et sociaux la méthode victorieuse qui donne à l'homme la puissance par la prévision. Mais, parvenue là, elle prend conscience à la fois de son évolution et du but de cette évolution. Elle apprend, par la sociologie, qu'elle n'a pas sa fin en elle-même, et qu'elle est subordonnée au « cœur », c'est-à-dire à l'amour. Elle accepte la fonction, essentielle encore, mais secondaire, que lui assigne désormais l'intérêt suprême de l'humanité. Elle n'est que faible, comme disait Pascal, si elle ne va pas jusque-là.

IV

Notre connaissance, dit Auguste Comte, est nécessairement relative. La relativité de la connaissance a été entendue de bien des façons, depuis Protagoras jusqu'à Stuart Mill, en passant par Hume et par Kant. Mais, en général, les philosophes se sont fondés, pour l'établir, sur des considérations psychologiques et métaphysiques. Or, Comte s'abstient de métaphysique, et il regarde l'analyse psychologique comme illusoire. Les philosophes qui s'obstinent à élucider les « principes de la connaissance, » sont-ils plus avancés aujourd'hui qu'au temps de Platon et d'Aristote ? Leur dialectique est stérile, et leur ingéniosité se dépense en pure perte. Comte ne fait appel qu'à des raisons positives, c'est-à-dire biologiques ou sociologiques. Notre connaissance est relative à notre organisation. Pour une espèce aveugle, il n'y aurait pas d'astronomie. Comte se souvient ici de Diderot, qu'il avait beaucoup lu. Si nous étions conformés autrement, l'objet restant le même, notre connaissance serait autre. Comment savoir ce que cet objet peut être « en soi », hors de tout rapport avec nous, qui le connaissons ? Il est chimérique de concevoir la connaissance comme toute « subjective » ; car la matière de la connaissance ne peut être fournie que par l'objet. Mais il n'est pas moins chimérique de concevoir la connaissance comme tout « objective », puisque notre esprit impose aux choses ses « exigences logiques » et son « aveugle besoin de liaison. » Fût-il même passif et neutre, rien ne nous garantirait qu'il reflétât toute la réalité. Avouons donc que notre connaissance contient à la fois des éléments subjectifs et objectifs, fondus en un tout indécomposable.

Elle est relative, en outre, à notre « situation ». Cette seconde cause de relativité est seule décisive.

Car la première établit seulement que notre connaissance serait différente si notre organisation était différente. Or, en fait, notre organisation est invariable. On pourrait donc, à la rigueur, ne pas tenir compte de cette hypothèse. Mais nous sommes nécessairement « situés », dans le temps, à un certain moment de l'évolution de l'humanité. Ce moment correspond à un état défini de la civilisation des sciences, des arts, des institutions politiques et sociales. Nos idées, nos croyances et en général notre connaissance, sont évidemment relatives à cet ensemble de conditions qui a changé avant nous, et qui changera après nous. Si donc absolu signifie, comme le dit Comte « immuable », la connaissance, qui varie en fonction d'éléments eux-mêmes variables, ne saurait jamais être absolue. C'est un des premiers points qu'établit la sociologie positive : cela ressort de l'idée même d'une dynamique sociale. Cette relativité ne comporte point de remède. Elle ne disparaîtrait que si l'évolution de l'humanité s'arrêtait, soit parce qu'elle aurait atteint la perfection où elle tend, soit par la fin de l'espèce. Mais de ces deux éventualités, la seconde, bien lointaine, se réalisera encore avant la première.

Ainsi comprise, la relativité de la connaissance entraîne de graves conséquences, et tout d'abord, une transformation de l'idée de vérité. L'esprit humain s'est longtemps refusé à comprendre une vérité qui ne fût pas immuable. La vérité devait être toujours identique à elle-même, toujours identique pour tous les esprits de tous les temps et de tous les lieux. Il semblait qu'en perdant ce caractère, elle dût cesser d'être elle-même. C'est pourquoi l'esprit humain s'est toujours acharné à la poursuite de l'absolu. Il ne pensait pas qu'aucune vérité fût solidement établie, si elle ne reposait sur ce fondement immuable. Sa science était suspendue à une métaphysique. Et ses échecs, mille fois répétés, ne l'auraient pas découragé, si la philosophie positive ne lui montrait enfin que la vérité dont nous sommes capables est toujours relative, sans cesser pour cela d'être vérité. Nous ne sommes pas condamnés à choisir entre la poursuite d'un absolu inaccessible, et la négation de toute science. Il suffit de comprendre que l'intelligence humaine évolue, et que cette évolution est soumise à des lois. Elle traverse des phases successives, dont chacune suppose les précédentes, et les conserve en les modifiant. La connaissance vraie évolue de même. Elle n'est jamais achevée, elle « devient » toujours. Elle n'est pas un « état » ; elle est un « progrès. »

Il est donc des vérités provisoires, et, si l'on peut dire, temporaires. La science en établit-elle jamais d'autres ? L'idée qu'Hipparque et les astronomes grecs se faisaient du monde céleste n'était pas fausse de tout point. C'était la vérité astronomique compatible avec les conditions générales de la société où ils vivaient. Après les travaux des observateurs du moyen âge, utilisés par Copernic, cette idée a cédé la place à une autre, qui s'est perfectionnée jusqu'à Newton et Laplace. Peut-être celle-ci sera-t-elle modifiée à son tour, à la suite de nouvelles découvertes ? Pareillement, on a pensé d'abord que la forme de la terre était une surface plate, puis un disque rond. On se l'est représentée ensuite comme une sphère, enfin comme un ellipsoïde de révolution. Aujourd'hui, l'on sait que cet ellipsoïde est irrégulier. Les résultats obtenus dans les sciences de la nature sont des approximations qui peuvent toujours être poussées plus loin.

La vérité est donc, à chaque époque, selon les profondes formules de Comte « la parfaite cohérence logique », ou « l'accord de nos conceptions avec nos observations. » L'histoire de la pensée humaine se compose d'une série progressive de périodes alternantes, analogues aux systoles et diastoles du cœur. A un certain moment, l'esprit a mis ce qu'il conçoit d'accord avec ce qu'il sait. Mais peu à peu des faits nouveaux sont observés, ceux qui étaient connus sont mieux interprétés, des découvertes éclatent. L'harmonie entre les conceptions et les observations devient alors précaire. Une discordance, d'abord sourde, puis aiguë, se déclare entre l'expérience et le cadre où l'esprit la fait entrer. A la fin, ce cadre se rompt. De nouveau, l'accord se rétablit sous une forme plus compréhensive, qui à son tour deviendra insuffisante. La philosophie positive, qui reconnaît là une loi sociologique nécessaire, renonce à la chimère de la vérité immuable et absolue. Elle ne regarde plus la vérité d'aujourd'hui comme absolument vraie, et ce qui fut la vérité hier comme absolument faux. Elle « cesse d'être critique envers tout le passé. »

Qu'on le veuille ou non, la relativité de la connaissance entraîne celle de la morale. Si celle-là n'atteint plus l'absolu, celle-ci ne peut être que relative. Kant, « le dernier des grands précurseurs » d'Auguste Comte, a tenté de conserver à la morale un caractère absolu : c'est qu'au fond, il conservait aussi la métaphysique. La loi morale, dit-il, est universellement valable pour tout être libre et raisonnable. Mais d'abord, la seule espèce d'êtres raisonnables et libres que nous connaissions, l'humanité, se développe dans le temps selon les lois d'un progrès nécessaire. Elle n'a pas eu, à chaque phase de ce développement, une égale connaissance de cette loi morale. Tout au plus peut-on dire qu'elle en prend, avec le temps, une conscience de plus en plus claire. Puis l'existence de notre espèce dépend d'un très grand nombre de conditions naturelles, astronomiques, physiques, biologiques, sociologiques. L'ensemble de ces conditions constitue un « régulateur » constant et irrésistible pour la conduite des hommes. Il est clair en effet que les règles essentielles de leur activité doivent, bon gré mal gré, s'ajuster à ces conditions ; autrement l'espèce disparaîtrait aussitôt. L'ordre moral « plus noble » est cependant subordonné à l'ordre physique « plus grossier. » Par suite, si nos conditions d'existence étaient autres, ce qui n'est pas absurde à penser, notre moralité serait autre aussi. Darwin a présenté cette idée sous une forme frappante. « Je n'affirme pas, dit-il, qu'un animal sociable, en admettant que ses facultés intellectuelles devinssent aussi actives et aussi hautement développées que celles de l'homme, doive acquérir exactement le même sens moral que le nôtre. De même que certains animaux possèdent un certain sens du beau, bien qu'ils admirent des objets très différents, de même aussi, ils pourraient avoir le sens du bien et du mal, et être conduits par ce sentiment à adopter des lignes de conduite différentes. Si, par exemple, pour prendre un cas extrême, les hommes se reproduisaient dans des conditions identiques à celles des abeilles, il n'est pas douteux que les individus non mariés du sexe féminin, de même que les abeilles ouvrières, considéreraient comme un devoir sacré de tuer leurs frères, et que les mères chercheraient à détruire leurs filles fécondes, sans que personne songeât à intervenir. »

Ce passage de *la Descendance de l'Homme* souleva les plus vives protestations. Un critique assura que si l'on admettait généralement la théorie de la morale impliquée dans cette hypothèse, « l'heure du triomphe de cette théorie sonnerait en même temps le glas de la vertu dans l'humanité ! » A quoi Darwin répondit paisiblement : « Il faut espérer que la persistance de la vertu sur cette terre ne repose pas sur des bases aussi fragiles. » L'indignation du critique n'en exprimait pas moins le malaise que cause à beaucoup de consciences l'idée d'une morale relative. Ou le bien est absolu, pensent-elles, ou la distinction du bien et du mal s'évanouit : il n'y a pas de milieu. Pourtant, l'histoire montre que les impasses de ce genre ne sont pas sans issue. Un dilemme semblable ne se posait-il pas au sujet de la connaissance ? N'avait-on pas dit de même : ou la vérité est absolue, ou il n'y a pas de vérité du tout ? Le dilemme était faux. L'esprit humain s'est accommodé de vérités relatives. Sans doute, une solution analogue interviendra pour la morale. Et l'aveu de sa relativité ne lui sera pas plus funeste qu'il ne l'a été à la science.

Peut-être même la morale trouvera-t-elle quelque avantage à être envisagée surtout du point de vue social. On comprendra de mieux en mieux que « l'humanité se compose de plus de morts que de vivans », et qu'il ne faut pas expliquer l'humanité par l'homme, mais, au contraire, l'homme par l'humanité. On sentira toute l'importance, pour la morale, de la continuité des générations et de la solidarité des individus. Ce beau mot de solidarité, qui a fait aujourd'hui une si grande fortune, — presque trop grande, — c'est Comte qui, le premier, l'a tiré du langage juridique pour lui donner une signification sociale. Il reprenait, en un autre sens, la célèbre pensée de Pascal. Toute la suite des hommes, pendant le cours de tant de siècles, doit être considérée comme un même homme qui subsiste toujours, et qui s'élève à une conception de plus en plus nette de sa destinée et de son devoir. La moralité, comme la vérité, est un « progrès ». Il y a eu des vérités morales provisoires et temporaires. Ce qui en elles était d'accord avec l'ordre universel a seul survécu. Celles dont nous vivons aujourd'hui ne peuvent pas davantage prétendre à l'immutabilité, et le temps leur fera subir la même « épuration ».

Ainsi se déroulent, dans les sciences morales et sociales, les conséquences nécessaires du principe de la relativité, posé par la philosophie positive. Mais c'est là aussi que la philosophie métaphysique lui oppose la résistance la plus opiniâtre. Elle se prétend inexpugnable dans cette dernière citadelle. Les grands conflits qui agitent notre temps ont presque tous leur origine dans l'antagonisme de ces deux philosophies. Ne confondons pas cependant cet antagonisme avec la lutte des conservateurs et des révolutionnaires. La politique positive n'est d'aucun parti. Elle montre simplement les rapports de l'ordre et du progrès ; elle enseigne selon quelles lois les phénomènes sociaux évoluent, et dans quelle mesure l'homme peut modifier ces phénomènes. Quant aux fins qu'il doit poursuivre, ce n'est pas la politique, c'est la morale qui les détermine.

Le progrès de l'humanité ne dépend des institutions politiques que dans la mesure où celles-ci dépendent à leur tour du progrès intellectuel et moral. Les changements décisifs ont lieu dans l'homme intérieur. Si nous étions plus intelligents, dit Comte, cela équivaudrait à être plus moraux ; car, comprenant mieux l'intime solidarité qui lie chacun de nous, sous mille formes et à tout moment, à l'ensemble de nos semblables, nous observerions sûrement le précepte suprême : « Vivre pour autrui. » Et si nous étions plus moraux, cela équivaudrait à être plus intelligents, puisque nous agirions alors précisément comme une intelligence plus ouverte et plus pénétrante que la nôtre nous conseillerait d'agir. Vue profonde, et qui montre que dans sa théorie de la morale comme dans sa théorie de la science, Comte est bien un successeur de Descartes.

V

Dans la pensée de Comte, la philosophie positive n'était que préliminaire. C'était un préambule, indispensable sans doute, mais ce n'était pas encore l'œuvre essentielle. Il distingue lui-même dans sa vie deux « carrières » successives. Dans la première, dit-il sans fausse modestie, il a été Aristote ; dans la seconde, il sera saint Paul. Le fondateur de la philosophie n'a fait crue préparer les voies à l'organisateur de la religion. « J'ai systématiquement voué ma vie à tirer enfin de la science réelle les bases nécessaires de la saine philosophie, d'après laquelle je devais ensuite construire la vraie religion. »

Mais plusieurs disciples de Comte, et non des moins illustres ni des moins dévoués d'abord, tels que Littré, refusèrent de le suivre dans sa « seconde carrière ». Comte, croyaient-ils, trahissait ses propres principes. Il abandonnait la méthode qui l'avait si heureusement conduit à créer la sociologie ; il compromettait sans retour les grands résultats qu'il avait obtenus. En vrais positivistes, plus fidèles que leur maître lui-même à sa découverte essentielle, ils déclaraient s'en tenir au *Cours de philosophie positive*. Cette philosophie leur suffisait, sans la religion que Comte y surajoutait. Une rupture éclatante s'ensuivit, et la querelle, envenimée par des raisons d'ordre divers, dégénéra en une lutte violente de frères ennemis.

Sur le point de fait, Comte avait raison contre Littré. Quoi que celui-ci ait prétendu, et quoi qu'on ait répété après lui, il n'y a pas deux doctrines d'A. Comte, dont la seconde contredirait la première. Il n'y en a qu'une, qui a évolué sans doute, mais dont la continuité est néanmoins parfaite. Comte n'a pas brusquement abandonné ses principes, en substituant à la méthode « objective » du *Cours* une méthode « subjective » tout opposée. Il avait toujours annoncé que la vraie philosophie, loin de se fonder sur l'usage exclusif de l'une de ces deux méthodes, était destinée à les concilier en les employant toutes deux. Il usa d'ailleurs, pour fermer la bouche à ses disciples dissidents, d'un argument sans réplique. Il réimprima, à la fin de sa *Politique positive*, six opuscules de sa jeunesse, tous antérieurs au *Cours*. Dans ces opuscules, et surtout dans celui qui a pour titre *Plan des travaux scientifiques nécessaires pour réorganiser la société* (1822), toute la doctrine de Comte est déjà esquissée. On y distingue nettement, avec les principes de la philosophie positive, le dessein de la faire servira la « réorganisation sociale », et de fonder sur elle une religion.

Mais, ce point établi, il faut avouer que des deux « carrières » de Comte, celle qu'il regardait comme préparatoire était en effet la plus importante et la plus féconde. Si Littré s'en était tenu à cela, sans accuser Auguste Comte d'inconséquence, il serait difficile de ne pas partager son avis. Aux yeux de Comte, les deux parties successives de son œuvre étaient inséparables, et se complétaient l'une l'autre. En fait, elles n'avaient pas la même portée, et déjà le temps les a disjointes.

Sa religion nouvelle a eu à peu près le sort des tentatives du même genre qui s'étaient produites dans le premier tiers de ce siècle. Il prétendait restituer d'un seul coup à l'humanité tout ce qu'elle a perdu, selon lui, depuis le moyen âge, l'unité morale parfaite, un corps de croyances unanimement acceptées, et un pouvoir spirituel reconnu de tous. Cette part de la doctrine de Comte, qui, selon le mot de Huxley, organisait un catholicisme sans christianisme, était caduque. Elle a encore de zélés défenseurs. C'est qu'un grand esprit met toujours quelque chose de son génie même dans les parties les moins viables de son œuvre ; c'est aussi que la piété des disciples étend à celles-là l'admiration que méritent les autres. Mais, sans cette extraordinaire et généreuse ambition, Comte eût-il entrepris la vaste construction philosophique qui devait servir de base à son édifice religieux ? Il fallait cet espoir pour soutenir cet effort. Du moins en est-il sorti une philosophie de la science, de l'histoire, de l'humanité, qui est encore pleine de vie. Par elle, Auguste Comte a été vraiment un « homme représentatif » de ce siècle. Souvent, même si nous ne pensons pas comme lui, nous pensons d'après lui. Sa philosophie est la dernière grande impulsion que l'esprit moderne ait reçue, et le mouvement qu'elle lui a imprimé n'est pas encore arrêté.

www.ingramcontent.com/pod-product-compliance
Lightning Source LLC
LaVergne TN
LVHW011205080426
835508LV00007B/616